Hamdy Azzam
DER ISLAM

Hamdy Mahmoud Azzam

Der Islam

Geschichte, Lehre und Wirkung

Gondrom

Sonderausgabe für den
Gondrom Verlag, Bindlach, 1989

Druck und Bindung: Ueberreuter Buchproduktion, 2100 Korneuburg
Printed in Austria

ISBN 3-8112-0527-7

Inhaltsverzeichnis

III Die Lehre

IV Das Gesetz

V Ausprägungen besonderer Art

Gott gehört der Osten und der Westen.
Wohin Ihr Euch wendet – dort ist Gottes Antlitz.
Er ist allumfassend und allwissend.
Koran, Sure 2, 115: „Die Kuh“

Sorge für das Diesseits, als ob du ewig lebtest,
Und sorge für das Jenseits als ob du morgen stirbst.
Prophet Mohammed

Die Wege zu Gott sind so zahlreich
Wie die Anzahl der Seelen seiner Geschöpfe.
Sufi-Spruch

Närrisch, daß jeder in seinem Falle
Seine besondere Meinung preist.
Wenn Islam ‚Gott ergeben‘ heißt,
Im Islam leben und sterben wir alle.
Goethe

Plädoyer für einen Dialog

Der Islam erscheint als letzte Offenbarung in der Reihe der „Himmlischen Religionen“.

Gott sandte Mohammed als letzten der Propheten mit dem Koran als seiner göttlichen Botschaft zu den Menschen dieser Erde, um sie zu leiten auf dem richtigen Weg zu ihm und zueinander.

Alle Gesandten und Propheten Gottes haben im Grunde dieselbe Botschaft verkündet, sie haben die Menschen aufgefordert, an einen einzigen Gott zu glauben, nur ihn allein anzubeten und an seine Propheten und heiligen Bücher zu glauben.

Der islamische Glaube findet erst dann seine Vollkommenheit, wenn alle vorangegangenen Propheten und Gottesgesandten mit dem Propheten Mohammed als eine einzige geschlossene Kette gelten; das Fehlen eines Gliedes durch Nichtanerkennung würde die Geschlossenheit der göttlichen Kette zerstören.

„Alle glauben an Gott, seine Engel, seine Schriften und seine Gesandten, – wobei wir bei keinem von seinen Gesandten (den anderen gegenüber) einen Unterschied machen.“ (Sure 2, 285: „Die Kuh“)

An mehreren Stellen wird vom Koran die Hochachtung und die Wertschätzung, insbesondere gegenüber Abraham, Jesus und Moses betont. Der Koran bringt Jesus, dem Gesandten Gottes, gezeugt ohne Vater, wie auch Adam, welcher ohne Mutter und Vater aus Lehm geschaffen wurde, durch das Wort ‚sei‘, seine tiefe Verehrung entgegen.

Der Islam ist seinem Wesen nach eine universale Botschaft und richtet sich an alle Menschen:
„Sag, Ihr Menschen, ich bin der Gesandte Gottes an Euch alle." (Sure 7, 158: „Die Höhen")

Er übt keinen Zwang aus und überzeugt durch Weisheit und Verstand.
„Ruf (die Menschen) mit Weisheit und einer guten Ermahnung auf den Weg deines Herrn und diskutiere mit ihnen auf eine gute Art." (Sure 16, 125: „Die Bienen") – *„In der Religion gibt es keinen Zwang."* (Sure 2, 256: „Die Kuh")

Der Islam begnügt sich mit der Verkündung der Lehre und seiner Botschaft, es bleibt aber den Menschen voll überlassen, nach ihrer freien Urteilskraft daran zu glauben oder auch nicht. Der Islam empfiehlt seinen Gläubigen sich friedvoll gegenüber den „Leuten des Buches" – Christen und Juden – zu verhalten.
„Und rede mit den ‚Leuten des Buches' nie anders als auf gute Art." (Sure 29, 46: „Die Spinne")

Die Moslems sind angehalten, in Güte mit den Juden und Christen zu leben und ihnen zu ermöglichen, Gott in Freiheit nach ihrer Art zu ehren und anzubeten. Ihre Gebets- und Religionsstätten in einem islamischen Staat sind zu schützen, dieselben Rechte wie für die Moslems werden ihnen garantiert und sie sollen ebenbürtige Bürger eines solchen Staates sein. Die Pflichten des Moslems gegenüber den Christen und den Juden sind bindend für ihn; er hat sich im diesseitigen sowie im jenseitigen Leben hierfür vor Gott zu verantworten.

Die Beziehung des Islam zu anderen Völkern oder Staaten baut auf der Basis der Verständigung und Kooperation nach dem Prinzip der Gleichheit auf. Ausnahmefälle bilden die Verteidigung gegenüber Angriffen auf den Islam oder auf einen islamischen Staat. Hier gilt das völkerrechtliche Prinzip der gegenseitigen Gleichbehandlung:
„Und kämpft um Gottes willen gegen diejenigen, die gegen

euch kämpfen, aber begeht keine Übertretungen (indem Ihr den Kampf auf unrechtmäßige Weise führt) – Gott liebt nicht diejenigen, die Übertretungen begehen.“ (Sure 2, 190: „Die Kuh“)

Der Islam ist eine Religion des Ausgleichs zwischen den beiden Aspekten des Lebens, nämlich dem geistigen und dem materiellen. Er widmet seine Aufmerksamkeit auch den zwischenmenschlichen Beziehungen, die von hoher Moral, Ethik, Gottesfurcht und Gerechtigkeit gekennzeichnet sein sollen.

Der Islam empfiehlt die Verrichtung von Arbeit als einen Akt der Gottesverehrung, einen Kampf auf dem Weg Gottes. Nicht alleine das Gebet führt zu Gott, sondern auch jegliche Art ehrlicher Arbeit, wenn diese in Gottesanbetung und Gottesfurcht getan wird. Ebenso ist der Moslem angehalten, sich weiterzubilden und zu lernen in allen Wissensbereichen, sich der Geheimnisse der Schöpfung zu bedienen und diese zu nutzen – all dies im Namen und im Gedenken an Gott den Allmächtigen.

„Sag, sind (etwa) die Wissenden den Nichtwissenden gleich (zusetzen)? Doch nur diejenigen, die Verstand haben, lassen sich mahnen.“ (Sure 39, 9: „Die Scharen“)

Die Geschichte des Islamgelehrten Alabhary verdeutlicht dies: Er las ein Buch über Astronomie, „Almagest“, von dem Griechen Ptolemäus. Als er gefragt wurde, was er lese antwortete er: „Ich lese die Auslegung des Koran.“

„Haben sie denn nicht gesehen, wie wir den Himmel über ihnen aufgebaut und (mit Gestirnen) geschmückt haben, und daß er keine Spalten hat!“ (Sure 50, 6: „Qāf“)

Materialismus, wie er hier gemeint ist, bedeutet die Annahme der Nichtexistenz Gottes. Dies ist keine neue Idee; sie kam vielmehr in verschiedenen Geschichtsepochen mehr oder weniger deutlich zum Ausdruck. Betrachtet man die gegenwärtige geistige Situation in Europa, so kann man eine verstärkte Verbreitung dieser Idee feststellen.

In der Entstehungsphase dieses anti-kirchlichen Geistes plädierten einige Denker für eine volle Abwendung von Religion und Glauben und verbanden später diese atheistische Theorie mit dem wirtschaftlich-sozialen Leben. Dieser atheistische Materialismus war dann nicht mehr nur ein philosophischer Begriff, sondern wurde zur Ideologie in allen Bereichen des Menschseins. Das Prinzip des „reinen Materialismus" hat natürlich seine Verlockungen für die Menschen, die unkontrolliert ihre Wünsche und Triebe walten lassen können, ohne von einem religiösen Glauben in moralischen Grenzen gehalten zu werden.

Darin sehen wir auch die Gefahren, die durch den Marxismus auf uns zukommen. Dieser baut ausschließlich auf rein materiellen Grundlagen auf und fördert somit Eigennutz und Zwietracht unter den Menschen. Man mißbraucht die Not der Menschen und ihr Verlangen nach einem besseren Leben, um diese Ideen durchzusetzen, wobei freilich auch Fehler beim „kapitalistischen Westen" festzustellen sind. Schwache und arme Völker wurden und werden nach Kolonialmanier behandelt – die andere Seite wiederum winkte mit Parolen für ein besseres Leben.

Tatsache bleibt dennoch, daß sich das marxistisch-materielle System als noch schädlicher als der Kolonialismus erweisen kann. Gerade der Glaube an Gott ist ja ein natürlicher Bestandteil des Menschen, alle künstlich geschaffenen Ideen, die diesem Element zuwiderlaufen, können nur ein Provisorium sein. Das religiöse Urbedürfnis des Menschen kann auch nicht durch dessen Bekämpfung in atheistischen Staatssystemen eliminiert werden; bei einer freien Meinungsäußerung und Glaubensausübung für Christen, Moslems und Juden würde sich das politische und gesellschaftliche Bild in solchen Staaten bald drastisch ändern.

Schwierigkeiten aber sehen wir in der gegenseitigen Bekämpfung der verschiedenen Religionen oder sogar innerhalb einer Religion; dies führt zu einer Schwächung gegenüber dem gemeinsamen Feind des Atheismus, der brutal agiert, während die gläubigen Menschen mit ihren gegenseitigen Querelen beschäftigt sind, nichtwissend, daß ein Sieg des Atheismus alle Religionen, auch die nicht-monotheistischen, tödlich trifft. Deshalb sehen wir in der Konstituierung einer gemeinsamen Glaubens-Front gegen die atheistische Gefahr eine schicksalhafte Notwendigkeit.

Ich habe oft für Toleranz gegenüber allen Religionen plädiert und mich eingesetzt für die Solidarität im Kampf gegen die Verbreitung des Atheismus. Wir Moslems und Christen sind an Zahl viele, mehrere hundert Millionen. Es ist aber nicht die Zahl, sondern der Geist im Glauben, der uns weiterführen kann. Und es ist an der Zeit, daß die geistigen Führer der großen Religionen sich auf einen langen gemeinsamen Weg vorbereiten, um die göttlichen Werte gegen den Atheismus zu schützen.

Sheikh Dr. Abdel Munim Al Nimr
Ägyptischer Wakf (Religions)-Minister,
Mitglied des Hohen Islamischen Rates
und des Al Azhar-Kollegiums

Aus der Sicht eines Moslem

Vier Reisegefährten, ein Türke, ein Perser, ein Araber und ein Grieche, stritten auf dem Marktplatz, wie sie ihr letztes Geldstück ausgeben sollten.
Der Türke sagte: „Ich möchte *Uzum* kaufen."
Der Perser: „Ich will *Angur.*"
Der Araber meinte: „Kaufen wir damit *Inab.*"
Und der Grieche bestand darauf, *Stafil* zu kaufen.
Ein Weiser, der mehrere Sprachen beherrschte, trat auf die Gruppe zu und sprach zu den Streitenden: „Gebt mir das Geldstück und ich werde den richtigen Weg finden, um alle Eure Wünsche zu erfüllen." Er ging und kaufte mit der Münze einen Bund Weintrauben.
„Das ist mein *Angur*", rief der Perser.
„Das ist, was ich *Uzum* nenne", sprach der Türke.
„Das ist *Inab*", sagte der Araber.
„Das heißt *Stafil* in meiner Sprache", meinte der Grieche.
Die vier Männer teilten sich nun die Weintrauben und der Streit war beendet.

Diese alte Sufi-Geschichte zeigt, daß die Ursachen von Mißverständnissen und Streitigkeiten unter den Menschen auf den Mangel an Kenntnissen und auf den fehlenden Willen zu gegenseitiger Verständigung zurückzuführen sind.

Eine andere Sufi-Geschichte lehrt uns, daß Kontroversen und Meinungsverschiedenheiten immer von der Warte abhängen, aus der man die Dinge sieht, und daß Gemeinsamkeiten oder Einigkeit nur dann erzielt werden können, wenn man aufeinander zugeht und die andere Seite anerkennt und versteht.

Vier Inder, die nie zuvor einen Elefanten gesehen hatten, betraten einen dunklen Raum, in dem sich ein Elefant befindet. Der erste betastete im Dunkeln den Rüssel des Elefanten, kam heraus und erzählte, der Elefant müsse so etwas wie die Spitze eines Bootes sein. Der zweite Inder, der die Ohren des Elefanten anfaßte, meinte, es müßten Fächer sein. Der dritte berührte den Fuß und versicherte, dies müsse eine Säule sein. Der vierte, der den Rücken des Elefanten streichelte, meinte, der Elefant müsse die Gestalt eines Thrones haben.

Ein Weiser, der die vier Inder beobachtete, gab jedem der vier eine Kerze und schickte sie nacheinander in das dunkle Zimmer. Dieses Mal kamen alle mit derselben Meinung und Beschreibung des Elefanten heraus. (Die zwei Sufi-Geschichten stammen aus dem Buch „Al Mathnawi" Band I und II von Djalal-Eddin Al Rumi [1207–1273])

Im Sinne dieser beiden Geschichten meine ich, daß Moslems und Christen, schon auf Grund ihres religiösen und kulturgeschichtlichen Erbes, ganz sicher eine fruchtbare, gegenseitige Verständigung herbeiführen können – alle Voraussetzungen hierfür wären gegeben bei gegenseitigem Bemühen und gutem Willen.

Dieses Buch möchte ein Bild des Islam zeigen, wie es von einem Moslem gesehen wird; es wird sich nicht an die Schilderungen politischer Tagesereignisse halten und möchte auch keine komplizierte akademische Abhandlung sein. Daher wurden auch als Quellen im wesentlichen Bücher und Abhandlungen von zeitgenössischen, authentischen islamischen Gelehrten verwendet. Europäische Quellen wurden nur vergleichsweise hinzugezogen. Hauptsächlich vertritt das Buch jedoch den sunnitischen Standpunkt, an den die Mehrheit der heutigen Moslems glaubt. Schiitische Quellen werden aber ebenso berücksichtigt. Die Zitate aus dem

Koran sind sinngemäß zu verstehen; um jedoch dem Leser ein Zurückgreifen und Nachschlagen der Zitate zu erleichtern, wurden sie nach der Übersetzung des Koran von Rudi Paret zitiert und auch zum größten Teil dieser Übersetzung entnommen. (Rudi Paret, Der Koran, Stuttgart 1979)

Ich hoffe, daß dieses Buch zu einer besseren Verständigung zwischen den Völkern und Religionen beiträgt.

Gott ist allwissend und verzeihend!

Hamdy Azzam

Bonn, November 1980

I

Der Islam in der modernen Welt

Neue Dimensionen des Islam

Der Islam, der seit seiner Entstehung vor vierzehn Jahrhunderten die Gedanken und die Lebensweise eines großen Teils der Menschheit geprägt hat, ist nun in der zweiten Hälfte des zwanzigsten Jahrhunderts wieder in den Vordergrund des Weltgeschehens getreten.

Nachdem sich die neue Glaubenslehre des Propheten Mohammed im ersten Jahrhundert ihres Aufkommens mit atemberaubender Geschwindigkeit über mehr als die Hälfte der damals bekannten Welt ausgebreitet hatte, beherrschte der Islam die politische und kulturelle Weltszene für mehrere Jahrhunderte.

Ihre Toleranz und Offenheit gegenüber dem „freien Denken“ ermöglichten es den Anhängern des Islam in der Blütezeit der arabisch-islamischen Zivilisation einen großen Beitrag zur Weltkultur und zwar auf jenen Wissensgebieten zu leisten, die heute die Basis unserer modernen Wissenschaft bilden. Mit der Zersplitterung des islamischen Universalreiches und dem Beginn des europäischen Zeitalters der Industrialisierung, versanken die islamischen Völker in eine lange Nacht des Niedergangs und der Abhängigkeit bis zu dem Grade, daß sie schließlich zu den „unterentwickelten Ländern“ gezählt wurden. Eine Dekadenz, die nicht nur die politischen und wirtschaftlichen Aspekte betraf, sondern auch die Religion selbst, war kennzeichnend für den arabischen-islamischen Raum.

Das Verständnis und die Ausübung der Religion der Moslems – des Islam – wurde von Aberglaube, formellen

Auslegungen, parasitären Gedanken und abweichenden Riten überwuchert, die einen allgemeinen Konsens über seine Lehre verhinderten – eine Situation, die dem Zustand der christlichen Welt in den ersten Jahrhunderten und den Spaltungen auf den Konzilen im Mittelalter vergleichbar ist.

Einer der großen modernen Reformisten des Islam, Scheikh Gamal Eldin Al Afghani (1839–1897), beschrieb diesen Zustand mit folgenden Worten: „Um den Islam den Europäern verständlich zu machen, müßten wir erst einmal erklären, daß wir keine guten Moslems sind“[1], womit die geistige Erstarrung des Islam gemeint war. Reformbemühungen zur Bereinigung des Islam und zur Rückführung auf die ursprüngliche Lehre wurden mit mehr oder weniger Erfolg unternommen. So ist in letzter Zeit eine starke Re-Islamisierungsbewegung in allen Teilen der islamischen Welt zu verzeichnen. Mit erstaunlicher Vitalität wird ein ausgeprägtes Verlangen zur Rückkehr zum wahren Islam deutlich, unterstützt durch eine dynamische Massenbewegung und eine starke politische Aktivität.

Im Gegensatz zu früheren Reformversuchen zur Säuberung der Religion, gehen die neuen Tendenzen weit über diese Ziele hinaus. Sie streben ein homogenes „islamisches Modell“ an, das politische, wirtschaftliche und soziale Komponenten einschließt. Zusätzlich zu der traditionellen ablehnenden Haltung des Islam gegenüber einem „Kommunistischen Modell“, sind in der neuen Bewegung auch Züge zu entdecken, die gegen viele Aspekte des „westlichen liberalen oder kapitalistischen Modells“ gerichtet sind.

Die iranische Revolution, die zur Zeit neben Afghanistan das spektakulärste Ereignis in der islamischen Welt darstellt, ist nur mit Vorbehalt als repräsentativ für diese Bewegung zu bewerten. Die besondere Situation Irans und seiner Entwicklung, sowie die Tatsache, daß die „islamische Revolution“ Irans sehr stark durch die Motivationen und religiösen Anschauungen Ayatollah Khomeinis geprägt sind, verleihen ihr einen Charakter „sui generis“. Manche ihrer Praktiken und Überzeugungen sind weder identisch bzw. repräsentativ für die Mehrheit der Moslems, noch für den Islam selbst oder die Re-Islamisierung innerhalb der gesamten islamischen Welt. Es bleibt aber eine Tatsache, daß die Gesamt-Bewegung auf eine Rückkehr zum Islam drängt und daß es ihr gelang, einen beachtlichen Teil der islamischen Völker politisch für ihre Ziele zu mobilisieren.

Die Großmächte reagierten auf dieses neue Phänomen mit beachtlichem Interesse, um dieses sogleich in ihre globale Strategie einzubeziehen. Präsident Carter erklärte in Bezug auf Afghanistan: „Die sowjetischen Streitkräfte führen Krieg gegen ein Volk, das an seiner Unabhängigkeit und seinem Glauben festhält... In dieser gefährlichen Zeit möchte ich erneut versichern, was ich schon vor Wochen gesagt habe, daß wir den größten Respekt und die höchste Anerkennung für den Islam haben und für die, die an diese Religion glauben.“ Andrej Gromyko versicherte bei seinem offiziellen Besuch in Damaskus, daß „die Sowjetunion der beste Freund der islamischen Völker sei“.

Die Menschen Europas sehen im Phänomen der Re-Islamisierung eine undefinierbare Bedrohung des Westens und verfolgen die Ereignisse mit Überraschung und Ratlosigkeit. Iran, Afghanistan und die Besetzung der großen Moschee in Mekka verlangen nach einer Erklärung, die ihren Ursprung und ihre Wirkung verdeutlichen könnte. Zu vorschnell abgegebene Erklärungen, die von laienhaften Spekulationen bis zu ernst gemeinten Analysen reichen, können keine befriedigende Antwort geben.

Eine Vielzahl von Slogans und Motivationen werden angeboten:

Schnelle und krasse Konfrontation mit der modernen Technik

Reaktion auf wirtschaftliche Mißstände trotz aller Petro-Dollars

Rückkehr zum mittelalterlichen religiösen Fanatismus
Fanatisierung der Massen durch Khomeini
Iran als Modellfall für alle islamischen Länder.

Aber die revolutionäre Bewegung in Iran und die daraus resultierenden Ereignisse verdienen eine ernsthaftere, grundsätzliche Betrachtung, die über die Tagesereignisse und Praktiken in Iran und über die dumpfen Reminiszenzen an frühere islamisch-christliche bzw. islamisch-europäische Gegensätze hinausgreifen, denn sie berühren nicht nur die Interessen der Menschen der islamischen Welt, sondern auch die unmittelbaren Nachbarn in Europa. Sie berühren zwei Gebiete, die, um zu überleben, aufeinander angewiesen sind: durch Sicherung der Rohstoffe und Außenmärkte für das eine, durch Technologie-Transfer für das andere; und schließlich: durch die wechselseitige Abhängigkeit in der Frage der Sicherheit und Stabilität.

Für Europa kann es nicht gleichgültig sein, was an seinen östlichen und südlichen Grenzen in der islamischen Welt geschieht. In einer Welt mit mehr als 20 % der Weltbevölkerung auf 22 % des Festlandes (12 Mio. Quadratmeilen) mit ihrer strategischen Lage im Herzen der alten und neuen Welt, in der sich eine Reihe der wichtigsten Wasserstraßen und Meere zwischen Ost und West, Süden und Norden befinden: die Wasserstraße von Gibraltar, Bab el Mandab, Bosporus und Dardanellen, Molakka, Hormuz, der Suez-Kanal, das Mittelmeer, das Rote Meer und der Arabische Golf – empfindliche Knotenpunkte, die unsere heutige Welt und ihr Gleichgewicht beeinflussen.

Das erklärt den Eifer, mit dem sich heute politische und wissenschaftliche Institutionen um ein besseres Verständnis des Islam und seiner Welt in Diskussionen und Analysen bemühen. Um Motive, Ziele und Ausmaß der Re-Islamisierungsbewegung beurteilen, verstehen und in ihrer Wirkung richtig einschätzen zu können, bedarf es jedoch auch – und vor allem – einer soliden Kenntnis des Islam als Glaubenslehre, Religion und Kultur, die für die Lebensweise der Moslems in weit höherem Maße bestimmend sind als Glaube, Religion oder „Kirche“ in einer säkularisierten christlich-europäischen Welt.

Zwischen Kalifat und Reform

Der Islam erreichte seinen Tiefpunkt mit dem Ende des osmanischen Kalifats 1924. Symbol dieses Niedergangs war der „kranke Mann am Bosporus“ – letzter, wenn auch nur formaler Repräsentant des universalistischen Kalifats-Gedankens. Die Berührung mit dem sich modernisierenden Europa beschleunigte diesen Prozeß und brachte ihn den Menschen innerhalb der muslimischen Welt um so stärker ins Bewußtsein. Einige heftige regionale Reaktionen erfolgten als Ausdruck der Unzufriedenheit mit der eigenen Gesellschaft und des Wissens um den reformbedürftigen Zustand, in dem sich die islamische Welt befand.

Die Wahhabiten in Saudi-Arabien, die Senoussi in Libyen und der Mahdi-Aufstand im Sudan sind Beispiele für diese Bewegung, die das Ziel hatten, den Islam durch die Rückkehr zur Ursprungslehre der ersten Moslems, des „Salaf“ in ihren regionalen Gebieten von innen her zu reinigen. Sie waren gekennzeichnet durch die Ablehnung von Erneuerungen, die nicht zum Grund der Lehre gehörten, durch Verzicht auf jede Art von Luxus, eine vertiefte Religiösität und einen Hauch von Asketentum. In ihrer Wirkung blieben sie jedoch auf die Länder beschränkt, in denen sie entstanden waren, ohne eine gesamt-islamische Wirkung nach sich zu ziehen.

Die erste direkte Berührung zwischen Europa und dem Islam, bzw. zwischen der islamischen Welt und dem modernen Westen kam in osmanischer Zeit durch die Expedition Napoleons nach Ägypten im Jahre 1798 zustande. Durch den Einfluß Englands und Frankreichs weitete sich diese Berührung dann auch auf die übrigen osmanischen Gebiete aus. Als Antwort auf diese Konfrontation kam mit den Lehren von Gamal-Eldin Al Afghani (1839–1897) und Mohammed Abdou (1849–1905) die erste gesamt-islamische Reformbewegung auf. Ihre Schule hat noch immer ihre Anhänger und übt einen starken Einfluß auf die heutige islamische Welt aus. Afghani und Abdou sahen keinen prinzipiellen Gegensatz zwischen dem Islam und dem modernen Zeitalter mit seinen Errungenschaften.

Man könnte, so lehrten sie, in das moderne Zeitalter eintreten und gleichzeitig seine islamischen Wurzeln und das Kulturerbe des Islam beibehalten. Voraussetzung dafür sei jedoch, zum Ursprung des Islam zurückzukehren und ihn von schädlichen Neuerungen zu befreien, worunter auch exzessive formale Auslegungen fielen. Beiden Reformern ging es um ein besseres Verständnis der Lehre des Islam. Andererseits plädierten sie dafür, bei der Auswahl moderner Errungenschaften selektiv vorzugehen, indem man Prozesse ablehne, die kraß gegen die Lehren des Islam verstößen. Entsprechend diesen Lehren sehen die meisten Moslems heutigentags keine unüberwindlichen Probleme zwischen ihrer Religion und dem modernen Industriezeitalter.

Gamal Eldin-Al Afghani setzte sich gleichzeitig für die Einheit der islamischen Welt und die Beibehaltung des Kalifats als Symbol ein. Der letzte osmanische Kalif wurde 1924 endgültig abgesetzt. Der Versuch des ägyptischen Königs Fouad, sich zum neuen Kalif zu ernennen, scheiterte am Widerstand der führenden religiösen Al-Azhar-Universität und Saudi-Arabiens. Die Wiedereinrichtung einer symbolischen Institution für die Einheit der islamischen Welt fand erst am 19. 6. 1969 auf der Tagung der ersten Gipfelkonferenz der islamischen Staaten in Marokko statt.

Der säkulare Staat

Nach dem Zerfall des Osmanischen Reiches bzw. des Kalifats übernahm Kemal Atatürk die Macht in der Türkei. Fasziniert vom modernen Leben Europas, von der Stärke der europäischen Nationalstaaten versuchte er, die Türkei nach europäischem Muster zu gestalten. Kemal Atatürk führte das säkularisierte System ein, das zwischen Staat und Religion scharf trennt, und baute auf einem stark ausgeprägten türkischen Nationalismus auf. Er verbot den Gebetsruf in arabischer Sprache und schaffte die arabische Schrift zugunsten der lateinischen ab; er verbot den Fez, arabische Kleidung und Kopfbedeckungen und ersetzte sie durch Hut und Mütze. Islamische Orden wurden abgeschafft, islamische Besitztümer (Wakf) konfisziert. Anstelle der islamischen Gesetzgebung wurde eine europäische eingeführt. Kemal Pascha selbst trug Zylinder und den Stresemann-Anzug, trank öffentlich Alkohol und betonte seine Vorliebe für europäischen Tanz und Musik. Er zeigte offen seine Verachtung für islamische Traditionen und seine Würdenträger.

Die Mehrheit der islamischen Länder wurden nach dem Ersten Weltkrieg als Kolonien unter den damaligen Großmächten England und Frankreich aufgeteilt und militärisch besetzt. Unter der kolonialen Fremdherrschaft ahmte ein großer Teil der Regierenden im arabischen Raum die europäischen Modelle in Regierungsform, Gesetzgebung, Erziehung und in anderen Bereichen nach, ermutigt durch eine Elite, die in Europa erzogen worden war.

Der nationale Staat

Als Reaktion und Abwehr gegen den wachsenden türkischen Nationalismus, entwickelte sich besonders in der arabischen Welt unaufhaltsam die Idee eines arabischen Nationalismus – verbunden mit der Abwehr und dem Antagonismus gegen die Kolonialherrschaft der Engländer und Franzosen. Obwohl einige Väter des arabischen Nationalismus und der arabischen Einheit Christen waren, war der islamische Gedanke von Anfang an dominierend. Sateh Al Hussary, der Historiker und Philosoph des arabischen Nationalismus, erklärte, daß die arabische Einheit die erste Stufe zur islamischen Einheit sei. Michel Aflak, Christ, Mitbegründer und Vorsitzender der Baath-Bewegung, verkündete, daß es eine bestimmte Identität zwischen Islam und Arabismus gäbe, zumindest in seiner Kultur und geschichtlichen Entwicklung. Gamal Abdel Nasser konnte nicht für den arabischen Nationalismus plädieren, ohne den Islam mit einzubeziehen. Unter dem Druck der Kolonialepoche entwickelte sich eine stark militante islamische Bewegung mit politischen Zielsetzungen: die „Moslem-Bruderschaft“ in Ägypten und die „Gamaat-Al-Islam“ in Pakistan und Indien, die sich über die ganze islamische Welt verbreiteten und bis heute einen großen Einfluß auf die islamische Bewegung ausüben, obwohl die „Moslem-Brüder“ unter Nasser stark unterdrückt wurden.

Der sozialistische Staat

Unter dem Druck wirtschaftlicher Mißstände und im Kampf für die Befreiung von der westlichen kolonialen Dominanz unternahmen einige islamische Staaten nach ihrer Unabhängigkeit soziale Reformen und strebten ein mehr oder weniger sozialistisches System an. Diese Reformen waren begleitet von einer gewissen politischen Annäherung an die Sowjetunion. Trotzdem konnte keine dieser Regierungen das Element „Islam“ außer acht lassen. Man ging vom Begriff des „eigenen Weges zum Sozialismus“ aus, um die Systeme und ihre Maßnahmen mit dem Islam in Einklang zu bringen. Die bewußte Betonung der sozialen Aspekte im Islam, nämlich Solidarität der Gemeinschaft, Gerechtigkeit, Bekämpfung der Ausbeutung, Extravaganz und Verschwendung, sollte dem „eigenen Weg zum Sozialismus“ eine betont islamische Dimension verleihen.

Die Versuche, diesen sozialistischen Bestrebungen einen islamischen Anstrich, ein islamisches Gesicht zu geben, scheiterten genauso wie die der kommunistischen Parteien in den islamischen Ländern. Sie scheiterten bei dem Bemühen, an der Basis Fuß zu fassen; sie stießen auf die Ablehnung der Mehrheit der gläubigen Massen gegen die atheistische Komponente des dialektischen Materialismus.

Re-Islamisierung

Nach der ersten Islamischen Gipfelkonferenz 1969 zeichnete sich innerhalb der islamischen Welt eine wachsende Solidarisierung zwischen den islamischen Staaten ab. Diese Solidarisierung wurde unterstützt durch die Verbreitung islamischen Glaubensgutes, durch die Organisation islamischer Konferenzen, Seminare und das Erscheinen zahlreicher Publikationen zum Thema „Islam". Nach der ägyptischen Niederlage im Nahost-Krieg von 1967 konnte in der gesamten arabischen und islamischen Welt eine bemerkenswerte ‚religiöse Welle' festgestellt werden. Die islamischen Massenbewegungen nahmen immer mehr politischen Charakter an, was ihre Wirkung und Aktivität verstärkte. Dies wiederum übte einen erheblichen Druck auf die jeweiligen Regierungen aus, der sich in entsprechenden Erklärungen und vor allem in der Gesetzgebung niederschlug. Der indisch-pakistanische Krieg um Bangladesh brachte einen zusätzlichen Auftrieb; ebenso spielten der große Zufluß der Petro-Dollars in die öl-produzierenden islamischen Länder und die damit verbundenen sozialen Klassenunterschiede eine Rolle.

Damit begann der Re-Islamisierungsprozeß seinen Vormarsch, dessen politische Zielsetzung durch die Solidarität unter den islamischen Staaten unterstützt wurde.

M. Selim verfaßte eine interessante Studie über den Solidarisierungsprozeß zwischen den islamischen Ländern anhand der jeweiligen Stimmenabgabe in der UN bei verschiedenen anstehenden Problemen.[2] Er kam zu dem Ergebnis, daß sich in der ersten Zeit seit der Entstehung der UN eine gewisse Solidarität innerhalb der islamischen Länder zeigte, die aber dann stark zurückging. Die islamischen Staaten teilten sich in zwei Lager, nämlich in ein westliches und ein östliches. In der zweiten Hälfte der sechziger Jahre stieg jedoch dieser Solidarisierungsprozeß wieder ständig an. M. Selim schließt seine statistische Untersuchung mit folgender Feststellung ab: „Es besteht ein hohes Maß an Solidarität zwischen den islamischen Staaten im Bereich der Koordinierung und der Vereinheitlichung ihrer Außenpolitik gegenüber den hauptsächlichen internationalen Problemen".[3]

M. Selim bemerkte, daß von den islamischen Staaten bei den UN-Abstimmungen im Jahr 1979 zwischen 55 % und 85 % gleich wie die UdSSR und zwischen 37 % und 55 % wie die USA abstimmten. Dabei spielte das Nahostproblem, der Kolonialismus, Wirtschaftsfragen und die neue Weltordnung eine wesentliche Rolle. Im Bereich der Wirtschaft ergibt sich jedoch ein anderes Bild. Der Export der islamischen Länder untereinander beträgt nicht mehr als 4,5 %, ihr Export in die Ostblockstaaten nur 7 % und in die Staaten der westlichen Welt über 62 %. Trotz des Bestehens eines islamischen Blocks, der sich in hohem Maß als solidarisch erweist, spielt jedoch das nationale Element immer noch eine wesentliche Rolle (z.B. bei der ersten islamischen Konferenz über Afghanistan und bei der Stellungnahme zum Irakisch-Iranischen Krieg).

Auf der Ebene des Volkes macht sich der Prozeß der Re-Islamisierung deutlicher – manchmal in spektakulärer Weise – bemerkbar, angefangen vom organisierten Druck einer Massenbewegung, dem Partisanenkrieg bis hin zu Terrorakten. Die islamische Revolution in Iran machte dem angeblich stärksten Regime in der Nahost-Region, nämlich dem Schah-Regime, ein Ende. In Afghanistan stellen sich die mittelalterlich bewaffneten Mujahedin gegen die Armee der Großmacht der Sowjetunion, und die große Moschee in

Mekka wurde von mehreren hundert moslemischen Fanatikern mit Waffengewalt gestürmt. In Ägypten fiel der Religionsminister Al Zahaby einer fanatischen Sekte zum Opfer. Die ägyptische Armee erlangte einen ersten arabischen Sieg im Nahost-Krieg 1973 und überquerte den Suez-Kanal unter dem islamischen Ruf „Allahu Akhbar" (Allah ist groß). Das syrische Alawiten-Regime steht im Augenblick vor unlösbaren Problemen, die durch den Widerstand der Moslem-Brüderschaft ausgelöst worden sind. In allen arabischen Staaten verstärkt sich der Druck islamischer Bewegungen.

In der Türkei ist heute – fünfzig Jahre nach der antireligiösen Reform Atatürks, mit der die Säkularisierung und Europäisierung für abgeschlossen galt – eine unaufhaltsame Re-Islamisierung zu erkennen, der sich kaum eine Regierung in den Weg zu stellen vermag. In Indien spielt die islamische Bevölkerungsminderheit neuerdings wieder eine Rolle und in Indonesien, Malaysia und auf den Philippinen meldet sich erneut die islamische Bewegung zu Wort. Selbst in kommunistischen Ländern ist das religiöse Bewußtsein der Moslems ungebrochen. Die Sowjetunion befürchtet das Übergreifen der islamischen Bewegung auf die innerhalb ihrer Grenzen lebenden 45 Millionen Moslems, der Anfang des 15. Jahrhundert – Islamischer Zeitrechnung – wird in Taschkent groß gefeiert. Nach der Kulturrevolution in China und den antimoslemischen Angriffen der Roten Garde 1966 werden für die 30 Millionen chinesischen Moslems in Peking, Shanghai, Kanton und Sinkiang wieder neue Moscheen gebaut. Die moslemischen Gruppen der Kirgisen, Tadschiken und Uighuren halten an ihrer ethnischen und religiösen Zusammengehörigkeit über die Grenzen Chinas und UdSSR hinaus fest.

Ursprung und Motivation

Eine große Frage ist immer noch offen: Warum verlangt ein großer Teil der islamischen Massen nach einem eigenen ‚Islamischen Modell', und inwieweit lehnen sie ein westliches Modell ab, nachdem sie die kommunistische Ideologie und ihr System als gegen den Islam gerichtet erkannt haben? Obwohl der Zeitpunkt für die Gesamtanalyse des Phänomens noch verfrüht sein mag, kann man eine Reihe von Gründen oder Motiven schon jetzt erkennen.

Vorweg muß gesagt werden, daß die Ursache nicht in der ‚Konfrontation mit der modernen Technologie' zu sehen ist. Hier sind keine besonderen Gegensätze zum Islam zu erkennen. Die islamischen Völker sind ebenso wie alle anderen Völker der Dritten Welt mit den Problemen der Anpassung an die moderne Technologie, der Modernisierung im Rahmen einer gezielten Entwicklungsplanung und einer Demokratisierung konfrontiert. Wir sehen den Ursprung für eine Ablehnung der vorhandenen Modelle in Ost und West und das Motiv für die Suche nach einem eigenen alternativen Modell islamischer Prägung vielmehr in folgenden Punkten:

- Der größte Teil der Bevölkerung sind gläubige Menschen, für die der Islam nicht nur Religion, sondern auch die kulturgeschichtliche Wurzel ihres Lebens und wesentlicher Bestandteil ihres nationalen Bewußtseins darstellt.
- Dies wird auch nicht durch die Tatsache geschmälert oder beeinträchtigt, daß das Schicksal der islamischen Länder für eine gewisse Zeit in den Händen einer Elite-Gesellschaft westlich-europäischer oder linksorientierter Prägung lag. Beiden gesellschaftlichen Richtungen gelang es nicht, diesen wichtigen kulturgeschichtlichen und politischen Bestandteil ihrer Völker zu erkennen; somit verfehlen sie die direkte Beziehung zu den Volksmassen.
- Einwände gegen das westliche Modell richten sich nicht

gegen die technischen und wissenschaftlichen Errungenschaften, die bewundert und bejaht werden, sondern gegen das Gesamtpaket mit all seinen Begleiterscheinungen, nämlich:

a) Dem materiell-atheistischen Aspekt der modernen Wissenschaften, der durch einen geschichtlichen Zusammenstoß mit dem christlichen Abendland entstanden ist, und der aus islamischer Sicht ein rein europäisches Nebenprodukt ist, das nicht unbedingt einen Bestandteil des Fortschritts in den Naturwissenschaften darstellt.

b) Der undifferenzierten Nachahmung aller Aspekte europäischer Lebensweise ohne Rücksicht auf die traditionellen eigenen kulturellen Werte, was Entwurzelung der Menschen und den Verlust der eigenen Identität bedeutet.

c) Der Skepsis und dem Mißtrauen gegenüber der Kolonialherrschaft und der nachfolgenden Ausbeutung, die als Begleiterscheinung des modernen europäischen Zeitalters die islamischen Völker schwer traf und ihre Unterentwicklung zur Folge hatte.

Der indische Moslemdenker Waheeduddin Khan charakterisierte die westliche Zivilisation wie folgt: „Diese neue Zivilisation, die ihren Völkern zur Überlegenheit verholfen hat, bis zu dem Grad der Kolonialisierung der Islamischen Welt, und die bei dem Zusammenstoß mit dem Christentum zum Atheismus führte, bildet in dieser Hinsicht eine Provokation für den Islam und die Moslems."

Was das kommunistische Modell anbetrifft, so sehen die Moslems hierin einen krassen Gegensatz zu ihrer Religion. Sie finden in der kommunistischen Theorie, die ausschließlich auf materiellen Ideologien aufgebaut ist, eine Abwertung des Menschen an sich. Allein die marxistische Feststellung „Religion ist Opium fürs Volk" bedeutet eine klare Absage an die Religion und wird von den Moslems niemals akzeptiert werden können. Die Lehre des Islam, die das Privateigentum schützt und den freien Wettbewerb ermutigt, steht hierin ebenso im Gegensatz zur kommunistischen Ideologie.

Ein zusätzlicher Aspekt ist zu bemerken. In den jüngsten Entwicklungen macht die Sowjetunion als Großmacht ihren Einfluß in den islamischen Gebieten geltend: Sie scheut sich auch nicht, diese ihre vermeintlichen Ansprüche mit Waffengewalt, durch Einsatz von kubanischen und osteuropäischen Hilfstruppen oder durch direktes Eingreifen ihrer Streitmächte durchzusetzen. Insbesondere die Randgebiete der islamischen Staaten sind von dieser sowjetischen Bedrohung betroffen.

Nicht zu vergessen ist das schwere Schicksal, das die Moslems in kommunistischen Ländern besonders auf dem religiösen und kulturellen Sektor erlitten und erleiden.

Die islamische Bewegung ist außerdem eine Reaktion auf folgende Fakten:

- Das erprobte westliche Modell ebenso wie der östliche Weg des Sozialismus sind in der angewandten Art als Fehlschlag zu bezeichnen – eine effektive Lösung für die Entwicklungsprobleme, zum Abbau der sozialen Gegensätze, zum Aufbau der Demokratie gab es nicht. Sogar der Zustrom von Milliarden Petro-Dollars half nicht, diesen Zielen näherzukommen.
- Das Gefühl der Bedrohung nationaler Interessen und staatlich-völkerrechtlicher Unabhängigkeit stärkt die moslemischen Abwehrmaßnahmen. Nach der Unabhängigkeit von englischer und französischer Kolonialherrschaft bestehen keine Ambitionen, nun wiederum zu einem Streitobjekt zwischen den gegenwärtigen Großmächten USA und Sowjetunion zu werden. Auch die Tatsache, daß das Nahostproblem immer noch ungelöst und die heilige Stadt Jerusalem ein ständiger Zankapfel geblieben ist, alarmiert die islamischen Massen. Die Be-

setzung Afghanistans hat die Bedrohung und die Gefahr nur noch weiter erhöht.

Man kann somit feststellen, daß sich in der islamischen Welt zur Zeit drei Richtungen herauskristallisieren.

Die erste sieht eine Möglichkeit im harmonischen Zusammenspiel des modernen technischen Lebens mit den Lehren des Islam vor, sofern man die islamischen Grundwerte als wesentlichen Bestandteil der Gesellschaft betrachtet.

Die zweite Richtung versucht, aus den negativen Erfahrungen der Vergangenheit Erkenntnisse zu ziehen und strebt ein direktes islamisches Modell an, verbunden mit einer vollen Absage an das westliche sowie das östliche Modell.

Die dritte Alternative schließlich sieht einen sozialistischen Weg, der die wirtschaftliche Misere und sozialen Gegensätze überbrücken und lindern sollte.

Alle drei Richtungen haben aber einen primären Gedanken gemeinsam, nämlich daß man das religiöse und kulturgeschichtliche Element des Islam und seine damit verbundenen Werte, die sich in vierzehn Jahrhunderten in den Gedanken der islamischen Menschen festsetzten, keinesfalls außer Acht lassen kann.

Sonderfall Iran

Fereydoun Howeyda[4] erzählte folgende Geschichte: Als die Anti-Schah-Demonstration Iran überschwemmte, fragte die Schahbanuh (Fahrah Diba): „Warum gehen unsere Leute nicht für uns auf die Straße, wie die Gaullisten auf dem Champs Elysées 1968?“ Die Antwort lautete: „Sie sind bereit, dies auf dem Champs Elysées zu tun, aber nicht in Teheran.“

Zur selben Zeit verkündete Khomeini in Paris sein politisches Programm für die Islamische Republik.

Die Erklärung des Schah von Iran in der ägyptischen Zeitschrift „Oktober“: „Mein Fehler war es, zuviel Demokratie zugelassen und die Entwicklung des Landes zu schnell vorangetrieben zu haben“[5], und seine Klage, die USA habe ihn fallengelassen, genügen nicht als Begründung für die Geschehnisse in Iran. Das Regime war längst zuvor zum Scheitern verurteilt.

Nach einer hektischen Irrfahrt durch die Länder Marokko, den Bahamas, Mexiko, den USA und Panama gewährte Ägypten – getreu seinen traditionellen humanitären Grundsätzen – dem Schah Asyl und ließ ihn nach seinem Tode im Juli 1980 in Kairo beerdigen – in derselben Moschee, in der sein Vater nach seinem Exil auf der Insel Mauritius und sodann Johannesburg (Südafrika) beigesetzt worden war. Bis zu seinem Tode stand der Schah den Ereignissen in Iran verständnislos gegenüber. Fassungslos mußte er zusehen, wie es Ayatollah Khomeini und den Mullas gelang, die Macht an sich zu reißen und die Unterstützung des Volkes für sich zu gewinnen.

Reza Schah I., Soldat und Kommandeur einer Kosakenbrigade, dann Oberbefehlshaber der Armee, hatte sich 1925 auf den Thron gesetzt. Wegen seiner angeblich engen Beziehung zu Deutschland wurde er 1941 abgesetzt und ins Exil geschickt. Sein Sohn Mohamed Reza, geboren 26. 10. 1919, trat seine Nachfolge an. Nach verhältnismäßig ruhigen Regierungsjahren erlebte er einen ersten Volksaufstand im Jahre 1953. Mossadek zwang ihn, ins Exil zu gehen, und bildete eine sozialistische Regierung, die aus einer Koalition zwischen nationalen und linksorientierten Politikern bestand.

Mit Hilfe der Armee und der USA konnte der Schah jedoch nach einigen Tagen aus dem Exil zurückkehren und weitere 26 Jahre als Kaiser (Schahin Schah) regieren. Durch die „Weiße Revolution“ versuchte Reza Pahlewi im Agrarbereich einige Verbesserungen durchzuführen. Doch die

„Weiße Revolution“ blieb letzten Endes erfolglos – genauso wie seine Bemühungen, das Los der Arbeiter und die Lage auf dem Wohnungssektor wesentlich zu verbessern. Die hohen Erdölvorkommen in Iran und die explosionsartig steigenden Ölpreise verleiteten den Schah zu jenem ambitiösen Vorsatz, sein Land in wenigen Jahren zur fünften Macht der Welt machen zu können. Dem iranischen Volk gegenüber verfolgte er eine Politik der eisernen Faust. Sie führte zu immer stärker werdendem Widerstand und schließlich – mit Hilfe der Geistlichkeit – zum Ende seiner Herrschaft. Die Fehler des Schah, die sich besonders in den letzten Jahren seiner Regierungszeit immer deutlicher zeigten, beschleunigten das Ende seines Regimes. Die verschwenderische Extravaganz, die Korruption seiner unmittelbaren Umgebung, die grundlegende Mißachtung traditioneller Werte der Kultur und Religion hatten ihn längst dem Volk entfremdet. Wirtschaftliche Fehlplanung (ein Drittel der Staatseinnahmen wurde für Waffenkäufe aufgewendet), der Einsatz der Savak und der Armee gegen seine Kontrahenten kennzeichneten in den letzten Jahren seinen Weg als absoluter Herrscher.

Die Tatsache, daß sich unter dem Druck seiner Herrschaft schließlich alle politischen und nationalen Kräfte – Politiker der Nationalen Front, die religiösen Führer, der Mittelstand, die Linken und die Intellektuellen zum Widerstand zusammenschlossen, hat seine aussichtslose politische Zukunft endgültig besiegelt. Am Ende rieten ihm sogar seine engsten Verbündeten – die USA – das Land zu verlassen. Auf der Konferenz der Industrienationen in Guadeloupe im Jahre 1979 fand kein europäischer Politiker ein gutes Wort für seinen Regierungsstil. Sogar die iranischen Generäle konnten schließlich davon überzeugt werden, seine auf Tonband gesprochenen Befehle, die Armee solle die Macht übernehmen, zu mißachten. Ayatollah Khomeini, der Drahtzieher der Revolution, kehrte im Triumph aus Frankreich zurück und übernahm die Macht. Er gründete die „Islamische Republik Iran" und propagierte die „Islamische Revolution" in der gesamten islamischen Welt.

Ob die Spekulation zutrifft, daß die damaligen Alliierten des Schah das Ende seiner Herrschaft beschleunigten, um einer möglichen späteren linksextremen Reaktion zuvorzukommen und lieber ein islamisches Regime als Bollwerk gegen den Kommunismus begünstigten – dies bleibt nach wie vor eine untersuchenswerte Hypothese.

Die Frage, die sich beim iranischen Modellfall stellt, ist, inwieweit diese „Islamische Revolution" repräsentativ für die Re-Islamisierungsbewegung im allgemeinen ist und ob sie bei anderen islamischen Ländern Schule machen könnte. Kein Zweifel: die Intensivierung religiöser Gefühle war bei den Iranern in erster Linie eine Abwehrreaktion gegenüber dem politischen Druck und der wirtschaftlichen Misere, die sie – besonders in den letzten Jahren – unter dem Schah-Regime erdulden mußten. Nach den Statistiken ist die Zahl der Pilger nach der Heiligen Stadt der Schiiten Meshed (Mesched) in 10 Jahren (1966/67 und 1976/77)von 332 Tausend auf 3,5 Millionen angestiegen. Tatsache ist freilich auch, daß der iranische Widerstand erst sehr spät – nämlich 1978 – ausgeprägt islamische Züge annahm, nachdem sich jahrelang ein großes Vakuum in der politischen Szene gezeigt hatte. Die traditionellen Vertreter der Nationalen Front waren nach der Rückkehr des Schah aus dem Exil und der Niederlage Mossadeks zermürbt. Ein Teil von ihnen wurde in die Schah-Regierung integriert, der andere begnügte sich mit dem Verlangen nach konstitutionellen Reformen und der Rückkehr zum Grundgesetz von 1906. Auf diese Weise hatten sie ihre Glaubwürdigkeit beim Volk verloren.

Die linken Kräfte, vor allem die kommunistische Tudeh-Partei, war seit dem Jahre 1953 und der Festnahme von 3000 ihrer Mitglieder, der Aufdeckung ihrer Zellen innerhalb der Armee, stark angeschlagen. Seit 1963 war ihr jegliche politische Aktivität verboten, die Partei und ihre Mitglieder wurden heftig und effektiv bekämpft. Als kämpferische Gruppe verlor sie zusätzlich an Ansehen bei den Massen, nachdem sie sich seit der Aufnahme freundlicherer Beziehungen zwischen dem Schah und der Sowjetunion ziemlich passiv verhielt. Die Armee und deren gutbezahlte, schahtreue Spitze, schied von vornherein als revolutionäre Kraft aus. In diesem politischen Vakuum blieb nur die islamische Opposition, angeführt von Khomeini, der in seiner vehementen Gegnerschaft zum Schah und zu seinem Regime konstant und hart blieb und sich auf den gutorganisierten Stand der Mullahs, der mittelständischen Händlerschicht, insbesondere der Bazaris, und der im Ausland agierenden revolutionären Intellektuellen stützen konnte, für die er zur Symbolfigur des Widerstandes wurde – zu einem Katalysator der unterschiedlichsten Motivationen –, vor allem aber auch zu einer Führergestalt, mit der sich die Masse des Volkes identifizieren konnte. Zu Beginn seiner politischen Tätigkeit sah man in Scheikh Khomeini in erster Linie eine Symbolfigur, den Anti-Schah. Erst in späterer Folge wurde er zum Verfechter des Islam und zum Führer der Re-Islamisierungsbewegung.

Die iranische Revolution hat ihren spezifischen Charakter. Sie kann nicht als nachahmungswertes Beispiel für andere islamische Länder gelten. Dieser spezifisch iranische Charakter unterscheidet sich von anderen islamischen Ländern besonders in folgenden Punkten:

1. Ein gutorganisiertes, hierarchisch aufgebautes System innerhalb der Geistlichkeit, der Mullahs, das dem christlichen Klerus bzw. der Priesterhierarchie innerhalb der Kirche zu vergleichen ist. Eine ähnlich strukturierte Priesterhierarchie (mit etwa 150 000 Mullahs und Theologie-Studenten) ist in der übrigen – vorwiegend sunnitischen – islamischen Welt nicht bekannt.

2. Die iranische Geistlichkeit war seit der Staatsgründung des modernen Iran zu Beginn des 16. Jahrhunderts durch Schah Ismail finanziell unabhängig. Diese Unabhängigkeit verdankt sie großem Land- und Grundbesitz sowie der Tatsache, daß ein Teil der schiitischen Gläubigen ein Fünftel ihres Einkommens für religiöse Zwecke (Khums) direkt an die Geistlichen abführt – eine Einrichtung, die ebenfalls in keinem anderen islamischen Land anzutreffen ist.
3. Die historisch tradierte Neigung der schiitischen Gläubigen zum Märtyrertum, Geheimhaltung und religiösem Gehorsam bei gleichzeitiger erhöhter Skepsis gegen weltliche Autoritäten, die traditionell als Usurpatoren der im Grunde der Geistlichkeit zustehenden Macht angesehen werden.
4. Die exzessiv ausgeprägten anti-amerikanischen Gefühle, die ganz besonders virulent wurden, seit sich die USA als Hauptverbündeter des Schah erwiesen hat. Auch dieser Anti-Amerikanismus ist ein spezifisch iranisches Symptom.
5. Die subjektiven politischen Anschauungen Ayatollah Khomeinis in vielen Fragen, sowie manche schiitischen Religions- und Glaubenssätze werden von der Majorität der Moslems nicht geteilt.

Aus diesem Grund kann der „Iranische Weg“ kein Modell für eine Re-Islamisierung oder für eine „Islamische Revolution“ in anderen islamischen Ländern sein. Er ist vielmehr nur durch die spezifisch iranischen Umstände und Entwicklungen gekennzeichnet und wesentlich geprägt von der Persönlichkeit und subjektiven Meinung bzw. „Weltanschauung“ des Scheikh Khomeini. Die Prognose liegt daher nahe, daß die „Iranische Revolution“ sich auf lange Sicht entweder mäßigt und sich stabilisiert und so zu einem vernünftigen Mittelweg islamischer Prägung führt – oder aber sich endgültig vom Rest der islamischen Welt isoliert. Eine weitere Radikalisierung und ein innerer Zerfall werden in Iran das Terrain für linke Kräfte begünstigen.

Sonderfall Libyen

Ghaddafis „Dritte Theorie" oder die „Grüne Revolution", die ebenfalls einen islamischen Ursprung für sich in Anspruch nimmt, bleibt den meisten Moslems selbst unverständlich. Sie hat daher keine große Bedeutung innerhalb der Re-Islamisierungsbewegung – und kaum eine Chance, innerhalb der islamischen Welt Einfluß zu gewinnen. Man kann sich in diesem Zusammenhang auf die Aussage von S. Elewah beschränken, wonach (Zitat) „die Dritte Theorie sowie die Idee einiger kleiner Splittergruppen in Saudi Arabien und im Sudan als unbewußte Überbleibsel früherer Sektierergedanken zu sehen sind, die von ihrer Ideologie her eine sterile Abkapselung nach Innen darstellen".[6]

Das große Spiel – Afghanistan

Rudyard Kipling nannte in seinem Roman „Kim" das Tauziehen zwischen Großbritannien und Rußland um Afghanistan, den Hindukusch und den westlichen Himalaja „das große Spiel, welches Tag und Nacht andauert". Diese Bezeichnung trifft auch heute noch zu, obwohl die Akteure sich geändert haben. Afghanistan – das nördliche Einfallstor zum Süden Asiens, die Durchgangsstraße von Westen nach Osten, wurde von Deutschland im Ersten und Zweiten Weltkrieg bei seinem Vormarsch nach Osten nicht erreicht.

Das Einfallstor Afghanistan blieb für die Großmächte lange geschlossen, bis der massive Einmarsch der Sowjets Weihnachten 1979 diese Situation änderte. Großbritannien hatte es verstanden, das Vordringen der Russen und Deutschen nach Asien von Norden oder Westen her, durch seine militärische Präsenz in Indien und Südost-Asien, durch eine verlängerte Verteidigungslinie der Kriegsmarine sowie durch Flottenbasen im Indischen Ozean, im Roten Meer und im Arabischen Golf zu verhindern. Nachdem der Einfluß der damaligen Großmächte Frankreich und England in der Region immer weiter schwand, traten jedoch die USA in diese Position an der Spitze der westlichen Welt als Gegenpol zur aufkommenden Großmacht Sowjetunion. Schon seit langer Zeit stand Afghanistan – ein Land, das sich in den fünfziger und sechziger Jahren außerhalb der amerikanischen Allianz im Cento- und Bagdad-Pakt befand – immer mehr im Blickfeld der Sowjetunion.

Afghanistans Bedeutung für die Sowjetunion wurde von dieser frühzeitig erkannt. Eine Einflußnahme oder gar eine Besetzung Afghanistans sichert die Grenzen der Sowjetunion und bringt ihr die Länder mit dem für den Westen lebenswichtigen Erdöl (58 % der Welt-Ölreserven) näher. Nach dem Rückzug der Amerikaner aus Vietnam und ihrem schwindenden Einfluß in Südostasien verstärkte die Sowjetunion ihre Seemacht in einem solchen Ausmaß, daß diese sich mit den Seestreitkräften der USA messen kann. „Der russische Bär hat Schwimmfüße bekommen", kommentierte Admiral Davis. Dies galt ebenso für den Indischen Ozean. Nach der Iranischen Revolution und dem nachfolgenden Auseinanderfallen der sogenannten stärksten Armee im Nahen Osten war die Zeit für einen sowjetischen Einmarsch in Afghanistan 1979 reif. D. Rees[7] meint, der sowjetische Einmarsch nach Afghanistan sei von langer Hand geplant gewesen. Dies wäre an der ›sowjetischen Hilfe‹ beim Bau von Straßen, Flughäfen und Landepisten in Afghanistan bereits ersichtlich gewesen, die zu einer Zeit erfolgte, in der sich die Entwicklungshilfe der USA für Afghanistan auf den Agrarsektor und die Viehzucht beschränkte. Gerade die Straßen und Flughäfen, die von den Sowjets lange zuvor gebaut wurden, konnten 1979 von den russischen Truppen als Luftbrücke und Panzerbahnen für die T 54 und T 62 von Termez über die Grenzen nach Afghanistan benutzt werden. Etwa 200–300 afghanische Offiziere wurden jährlich in der Sowjetunion ausgebildet und russische Waffen im Wert von über 350 Millionen Dollar zwischen 1973 und 1977 mit einer großen Anzahl russischer Berater geliefert.

Der Freundschafts- und Beistandspakt zwischen Afghanistan und der Sowjetunion vom 5. 12. 1978 wurde freilich als Alibi für eine sowjetische Besetzung Afghanistans benutzt. Damit entstand eine neue bedrohliche Situation für die Länder des Nahen Ostens und für den Westen.

- Die Sowjets stießen fast 1000 km südwärts vor und stehen nun weniger als 600 km vor dem Arabischen Golf.
- Dies bedeutet einen weiteren Fortschritt in der sowjetischen Nahost-Strategie der Einkreisung und der Einflußnahme auf die Randgebiete. Neben Aden, Äthiopien, Angola, Mozambik und Afghanistan wird möglicherweise Libyen und auch Syrien in das sowjetische Baukastensystem eingegliedert werden.
- Iran und Pakistan rückten in die direkte Nähe der sowjetischen Operationsgebiete.

Es ist nicht zu verkennen, daß die Sowjetunion durch die Besetzung Afghanistans den Vorteil einer strategischen Mobilität gewann, die für ihre offensive Außenpolitik in Afrika und Asien sowie im Nahen Osten von großer Bedeutung ist. Die Vereinigten Staaten von Amerika und die westlichen Länder wurden durch diesen sowjetischen Vorstoß ganz offensichtlich in große Schwierigkeiten gebracht.

- Nach dem Verlust von Aden und Singapur besaß die USA kaum effektive Marinebasen; Diego Garcia, Pearl Harbour, Sabicbay, Philippinen lagen zu weit.
- Die Abhängigkeit vom Erdöl des Nahen Ostens und des Arabischen Golfs und die damit verbundene Gefahr für diese Gebiete wurde auf einmal klar und akut.

- Pakistan und Indien sahen das Afghanistan-Problem von der Warte ihrer beidseitigen traditionellen Rivalität.
- Ein großer Teil der Länder des Nahen Ostens hatte unter wirtschaftlichem und politischem Druck zu leiden.

Nach dem Olympia-Boykott 1980 gingen die amerikanischen Vorstellungen in folgende Richtung: Erhöhung des Verteidigungsbudgets, Verstärkung der Seemacht bis 1985, Verstärkung der mobilen Einheiten RDF (Rapid Deployment Force) und vor allen Dingen die Suche nach Schlüsselpositionen bzw. -plätzen für Marine und Luftwaffe zum Schutze der Golfstaaten und der Nahost-Gebiete als Ergänzung ihrer off-shore Marinemöglichkeiten.

Die Afghanen, ein tiefgläubiges, freiheitsliebendes islamisches Volk, das für seine Tapferkeit weltweit bekannt ist, ging nun unter dem Banner des Islam in den Kampf gegen die übermächtigen sowjetischen Invasoren. Freilich brauchen die Mujahedin Hilfe gegen diese Großmacht, da sie nur über veraltete Waffen verfügen und eine entsprechend mangelhafte Ausbildung haben.

Wohin führt der Weg?

Ohne Zweifel gibt es in der heutigen islamischen Welt eine beachtliche Bewegung zur Re-Islamisierung. Dieser Bewegung ist es gelungen, die Massen für ihre Ziele zu mobilisieren. Eine solche Bewegung ist immer mit heftigen Reaktionen und manchmal mit extremen Aktionen verbunden. Die Ursachen für diese Rückwendung zu den Werten der eigenen Kultur liegen auf der Hand: es sind die Bedrohung der Identität der islamischen Völker, die undifferenzierte Nachahmung fremder Systeme und Lebensweisen, der politische Druck, die wirtschaftlichen Mißerfolge und die krassen sozialen Unterschiede. Hierbei hat aber die Re-Islamisierung primären Charakter: es ist die Suche nach einem vernünftigen Modell, das die islamischen Grundwerte mit den Erfordernissen des modernen technischen Zeitalters vereinbaren kann. Ein besseres Verständnis für Beweggründe und Ausmaß dieser neuen Tendenzen bei gegenseitiger Achtung der Werte beider Standorte erleichtern den islamischen Ländern den Weg zur Mäßigung, Stabilität und Kooperation.

Für ein zukünftiges Verständnis und für eine Zusammenarbeit zwischen Europa und den islamischen Ländern wären folgende Gesichtspunkte in Betracht zu ziehen:

- Der Abbau von Nachwirkungserscheinungen der Kolonialzeit auf der Basis eines neuen Vertrauensverhältnisses;
- Ein ausgewogener wirtschaftlicher Austausch von Rohmaterial und Technologie;

- Effektive Hilfeleistung bei der Bewältigung politischer und wirtschaftlicher Probleme in der Region;
- Aufbau auf einem gemeinsamen kulturellen Erbe und gegenseitiges Verständnis für moralische und religiöse Eigenheiten.

Als Instrumentarium für die Intensivierung eines Dialogs mit dem Teil der islamischen Welt, dessen nationale und religiöse Geschichte zwei harmonische Bestandteile bilden, gilt die ‚Arabische Welt', denn eine stabile und solidarische arabische Welt kann – als Zentrum und Herz der islamischen Welt – zur Lösung vieler Probleme beitragen.

Ebenso kann die Intensivierung des christlich-islamischen Dialogs unter Einbeziehung der Koptischen Kirche eine neue Epoche der Kooperation einleiten.

Auf islamischer sowie arabischer Seite zeichnet sich eine deutliche Bereitschaft zu einer solchen Kooperation ab – auch wenn diese Bereitschaft – noch von Skepsis und Mißtrauen gegenüber den damaligen Kolonialherrschern überschattet ist. Ägypten kann und wird auf diesem Weg eine zentrale Rolle einnehmen.

Wir möchten uns den Ausführungen der „Encyclopädia Britanica" anschließen: „From its historical experience, Islam aquired both, a toughness and flexibility, necessary for creative adjustments" – sinngemäß: durch seine geschichtlichen Erfahrungen hat der Islam beides gewonnen, nämlich Härte und Flexibilität, die ihm eine schöpferische Ordnung ermöglichen.

In diesem Sinne kann der Islam die ihm gestellten Aufgaben auch in der modernen Welt bewältigen.

II

Zur Geschichte des Islam

Die Araber

Als Ureinwohner der Arabischen Halbinsel gelten drei mächtige Beduinen-Stämme, die Aad, Thamoud und Amalek, die nach der Überlieferung wegen ihres Unglaubens und Ungehorsams von Gott vernichtet wurden.

Der Koran erzählt vom Propheten Houd, der zu den Aad nach Südarabien (Hadramaut) entsandt wurde, und vom Propheten Saleh, der zu den Thamoud kam, die in Nordarabien, im Gebiet zwischen Hedjaz und Syrien lebten. Gottes Zorn traf beide Stämme und vernichtete sie mit Ausnahme einer kleinen Anzahl, die ihrem Propheten gefolgt war (11. Sure des Koran „Houd"). Der dritte Stamm, die Amalek, lebte im nördlichen Teil der Halbinsel nahe der Grenze zu Syrien.

Die heutigen Araber stammen – so sagt es die Überlieferung – aus zwei Linien. Die erste führt zurück auf Kahtan (biblisch Joktan), den Sohn des Eber. Von dessen Sohn Yarub und vom Distrikt „Araba" in der Provinz „Tehama" im heutigen Saudi-Arabien leitet sich die Bezeichnung Araber her. Diese Linie gilt als die rein-arabische.

Als Stammvater der zweiten Linie gilt Ismail, der Sohn Abrahams und der Ägypterin Hagar. Der weise und als heilig verehrte Abraham wird in der Bibel und im Koran erwähnt. Er gilt als der Begründer der vorchristlichen und vorislamischen Urreligion. Ismails Nachkommen lebten mit dem Stamm der Kahtani zusammen und vermischten sich mit ihnen, wodurch in der weiteren Entwicklung die arabische Nation entstand.

Yarubs Sohn Kahtan errichtete ein Königreich im Jemen, und seine Nachkommen wurden bekannt als die Könige von Himyar. Sein Bruder Jorhan gründete das Königreich Hedjaz im Westen der Arabischen Halbinsel, in der Gegend von Mekka und Medina, den späteren Heiligen Städten der Moslems.

Es wird von einer verheerenden Katastrophe berichtet, als im Jemen etwa 340 v. Chr. der mächtige Staudamm von Maarib brach. Dieser Damm, der ein aus Gebirgsflüssen gespeistes Wasserreservoir bis zu 20 Mannshöhen staute, war von dem Himyar-König Abd-Shams, auch Sabaa (Sheba) genannt, erbaut worden. Da er als unzerstörbar galt, hatten sich einige Volksstämme auf seinem Kamm angesiedelt. Diese waren nach der Katastrophe gezwungen, auszuwandern. Aus ihnen entstanden die beiden Königreiche Gassan in Syrien und Hira im Irak.

Zur Zeit der Verkündigung des Islam war die Arabische Halbinsel von Nomadenstämmen und von einer in kleinen Städten, in Oasen und fruchtbaren Tälern ansässigen Bevölkerung bewohnt. Sie lebten vorwiegend von der Schaf- und Kamelzucht sowie der Kultivierung von Dattelpalmen; hinzu kam ein begrenzter landwirtschaftlicher Anbau. Die gehobenen Schichten beschäftigten sich in der Hauptsache mit dem Handel auf der alten Gewürz- und Weihrauchstraße, die auf der Arabischen Halbinsel von Süden nach Norden führte. Eine andere wichtige Handelsverbindung führte vom Indischen Ozean quer durch die Halbinsel an die stark bewohnten Gebiete am östlichen Mittelmeer.

Da jedoch im 6. Jahrhundert n. Chr. durch ein Nachlassen der Intensität des Handels die Bedeutung dieser alten Straßen abnahm, waren auch die gehobenen Schichten gezwungen, sich der Schaf- und Kamelzucht oder dem Landbau zuzuwenden. Der Handel war zu einer exklusiven Beschäftigung der Aristokratie geworden.

Charakteristische Eigenschaften der Araber

Versucht man, anhand von überlieferten Sagen und Gedichten, die Araber dieser Zeit zu charakterisieren, so schälen sich folgende Eigenschaften heraus: Ritterlichkeit, selbstaufopfernder Mut und ein großer Drang nach individueller Freiheit, dazu Stolz auf sich selbst und die Ahnen und schließlich eine beispiellose Gastfreundlichkeit. Insbesondere aber sticht eine hohe natürliche Begabung im sprachlichen und dichterischen Bereich hervor.

Die Sprachkunst wurde so hoch eingeschätzt, daß sich ein Stamm dem anderen überlegen fühlte, wenn zu ihm ein Dichter zählte, ja, daß in der Tat der Wortkampf zwischen zwei Dichtern als Ersatz für den bewaffneten Krieg galt. Alljährlich wurden einen Monat lang in Okaz, einem berühmten Marktort in Arabien, Dichterwettbewerbe abgehalten. Die siegreichen Dichtungen wurden ein Jahr lang am Heiligtum der Kaba als „Muallakat" aufgehängt. Diese „Muallakat"[8] gelten bis in unsere Tage neben dem Koran als Beispiele der höchsten sprachlichen Vollendung und als Maßstab für stilistische und grammatikalische Meisterschaft. Die besten Gedichte wurden von Königen und Fürsten zusammen mit Gold und Edelsteinen aufbewahrt.

Gastfreundschaft galt nicht als großzügige, freiwillige Geste, sondern war Pflicht und Objekt des Wetteiferns zwischen den Stämmen. Zuweilen wurde sie bis an die Grenze des Selbst-Ruins übertrieben. Als größte Schande für den Araber und seinen Stamm galt es, wenn er Fremden die minimale Frist von drei Tagen Gastfreundschaft verweigerte.

Die nomadisierende Lebensweise in der freien Natur sowie die Unendlichkeit der Wüste prägte das starke Gefühl für Freiheit und Individualität. Grenzen der persönlichen Freiheit waren nur gesetzt durch den Stolz auf die Zugehörigkeit zum eigenen Stamm und die daraus erwachsene

Verantwortung. Von Kindheit an konnte der Araber als wesentlichen Teil seiner Persönlichkeit seine Ahnenkette bis zum Stammesurvater aufsagen.

Spuren dieser oben angeführten Charakterzüge findet man auch heute noch bei den Arabern und bei allen Völkern, die durch die Annahme des Islam von der arabischen Kultur beeinflußt wurden. So ist z. B. die Sprache immer noch nicht nur ein einfaches Verständigungsmittel, sondern gilt als schöngeistige Kunst, die Menschen und Massen berauschen und in Euphorie versetzen kann. Was den Drang zu Freiheit und Individualismus betrifft, so können dadurch bis in unsere Tage manche Ereignisse eine Erklärung finden, die auf rationale oder pragmatische Weise nicht zu ergründen bzw. zu begründen sind.

Die religiöse Situation vor Mohammed

Die Arabische Halbinsel wurde im Norden praktisch von zwei rivalisierenden Mächten umfaßt, dem christlichen Byzantinischen Reich und dem zoroastrischen Persien, die miteinander in jahrhundertelangem Kampf standen. Im Süden bestanden über das Rote Meer hinweg Kontakte mit Abessinien, das von Norden her, über Ägypten, christianisiert worden war. Der Negus von Abessinien entsandte zu dieser Zeit Armeen in den Jemen, um die dortigen christlichen Gemeinden vom Joch des jüdischen Königs Youssuf Zul Nawas zu befreien, der „Vater der Grube“ genannt wurde, weil er Menschen, die das Judentum nicht annahmen, in eine Feuergrube warf.

Die religiöse Szenerie auf der Halbinsel wurde hauptsächlich durch einen Naturglauben in verschiedenen Formen bestimmt.

Kleine christliche Gemeinden waren hier und da anzutreffen, verstreut infolge der Zwistigkeiten und der daraus entstandenen Verfolgungen innerhalb der christlichen Kirche zu Anfang des dritten Jahrhunderts.

Auch Anhänger des Judentums kamen nach der Verfolgung durch die Römer in kleinen Gemeinden nach Arabien. Es heißt, daß Abu Garb Assad, ein jemenitischer König, das Judentum unter einigen Himyariten einführte.

Beide Religionen jedoch, Christentum wie Judentum, waren, da ihre Gemeinden weit verstreut und zahlenmäßig klein blieben, ohne große Bedeutung.

Neben diesen beiden monotheistischen Religionen fand sich auch eine Anzahl Sabier, die an einen Gott glaubten, gleichzeitig aber Sterne, Planeten, Engel und anderes als Vermittler anbeteten. Auch die Feueranbetung war von zoroastrischen Persern in Arabien eingeführt worden.

In den islamischen Berichten über diese Epoche werden öfters auch einzelne Personen erwähnt, die „Hanifen" genannt wurden. Nach diesen Quellen galten sie als Anhänger der Urreligion Abrahams. Damit ist nicht eine bestimmte bekannte Religion gemeint, vielmehr ist dies eine allgemeine Bezeichnung für den Urglauben, der sich einem einzigen Gott unterwarf. Sie beteten, fasteten, besuchten die Kaaba und begaben sich oft in die Einsamkeit. Der Koran bezeichnet Abraham an mehreren Stellen als Hanifen.

Diese Einzelpersonen standen mit ihrem Glauben an den einen Gott der Überlieferung nach in vorislamischer Zeit den monotheistischen Religionen, Christentum und Judentum, nahe. Es steht jedoch fest, daß sie von den Christen selbst, da sie nicht getauft waren, nicht als Glaubensbrüder angesehen wurden, und daß sie nicht unter die Bezeichnung „Christen" oder „Juden" fielen, sondern eine eigenständige religiöse Gruppe bildeten.

Jedoch die große Mehrheit der Araber betete eine Vielzahl von Göttern und Götzen an. Den Berichten nach, wurde das Anbeten von Götzen von Amr Ibn Luhay eingeführt, einem arabischen Notabeln, der auf einer seiner Reisen von Mekka nach Syrien in Moab bei den Amalek Götzentempel sah und einen davon, der dem Regengott Hubal geweiht war, mit zurückbrachte und in der Kaaba aufstellte. Dieser Götzenkult, so heißt es, wurde dann von den anderen Stämmen übernommen, anstelle der Urreligion Abrahams, die später als Urreligion der Moslems galt.[9]

Es gab lokale und gemeinsame Gottheiten wie Al-Lat, Al-Uzza, Manat und den Regengott Hubal. Zumeist wurden die Götzen durch einen einfach gestalteten Stein dargestellt. Man befragte sie durch ein Orakel mit verschieden gefärbten stumpfen Pfeilen, die man Al-Azlam nannte.

Mekka und die Kaaba

Der damals kleinen Oase beziehungsweise dem Ort Mekka kam aufgrund zweier Gegebenheiten eine besondere Bedeutung zu. Einmal wegen der zentralen Lage auf dem Handelsweg von Süden nach Norden, zum andern aber, was schwerer wog, weil sich in Mekka die Kaaba befand. Diese war eine Art Tempel, der über einem schwarzen Stein errichtet worden war. Der Sage nach, war der Stein von Abraham selbst dorthin gebracht worden. Als er bei seinen Wanderungen auf die Arabische Halbinsel kam und dort in den verschiedenen Wüsten umherirrte, soll er einen weißen Stein gesehen haben, der vom Himmel herabfiel. Spätere Erklärungen deuteten diese Erscheinung als Meteor. Die Legende aber meint, durch diesen leuchtend weißen Stein habe sich Abraham orientiert und sei so in das fruchtbare Tal um Mekka gekommen. Aus Dankbarkeit, so die Überlieferung, habe er einen einfachen Tempel um diesen Stein gebaut. Weiter heißt es, daß durch die zahllosen Besuche der Gläubigen und deren mehrfachen Gang um den Stein, wodurch sie sich die Vergebung ihrer Sünden erwirkten, sich der Stein mit jeder Sünde dunkler färbte, bis er schließlich in

Die Kaaba und die Große Moschee in Mekka – Ziel für Millionen moslemischer Pilger.

völliger Schwärze das Kernstück des Tempels oder der Kaaba bildete. Diese Version entstammt jedoch späteren, nicht-islamischen Erzählungen.

Nach Darstellung des Koran und der islamischen Überlieferung befahl Gott Abraham, gemeinsam mit seiner Frau, der Ägypterin Hagar, und seinem Sohn Ismail auf die Arabische Halbinsel zu ziehen. Nachdem er in dem Tal von Bekka oder Mekka angekommen war, erhielt er den Befehl, wieder nach Palästina zurückzukehren. Seine Frau und den Sohn ließ er zurück.

Auf der Suche nach Wasser wanderte die Mutter Hagar siebenmal zwischen den beiden Anhöhen Safa und Marwa hin und her, bis Gott an der Stelle im Tal, wo ihr Sohn Ismail schlief, die heilige Wasserquelle Zamzam entspringen ließ. Wegen dieser Quelle siedelte sich der arabische Stamm Garham in Mekka an, und Ismail heiratete eine Frau aus diesem Stamm.

Als Abraham nach langer Zeit wieder aus Palästina zurückkehrte und in Mekka, dem Wohnort seiner Frau und seines Sohnes eintraf, erbaute er auf Befehl Gottes einen Tempel, die Kaaba, neun Ellen hoch und neun Ellen tief, und rief alle Menschen auf, dort hinzupilgern. Der Bau umschloß in seinen Mauern den schwarzen heiligen Stein.

Sicher ist, daß dieses Heiligtum schon im Mekka der vorislamischen Zeit besucht und verehrt wurde. Fast alle Stämme der Arabischen Halbinsel suchten ihn auf, und zusammen mit dem nahegelegenen Berg Arafat, dem ebenfalls eine besondere religiöse Bedeutung zukommt, wurde er zum zentralen Treffpunkt für die verschiedenen Stämme. Ein reges soziales Leben entfaltete sich. Gedichte wurden vorgetragen, Kontakte zwischen den einzelnen Stämmen geknüpft. Gleichzeitig wurde das dem herrschenden Ehrenkodex entsprechende Gesetz beachtet, daß in bestimmten Monaten zum Schutz der religiösen Riten Krieg, Blutrache und jede Art von Gewalttätigkeiten zu unterbleiben hatten.

Auf diese Weise entstanden in den betreffenden Monaten Zeiten vollkommenen Friedens.

Dem über Mekka herrschenden Stamm der Quraish, Nachfahren Ismails und des Stammes Garham, kam unter diesen Umständen eine besondere Stellung als Bewahrer des Heiligtums sowie als Vermittler zu.

Zur Zeit Mohammeds aber und schon vor ihm wurde in der Kaaba nicht allein der schwarze Stein verehrt, sondern verschiedene Gottheiten und Götzen. Fast alle Stämme waren an dieser Verehrung beteiligt, und auch Angehörige anderer Religionen brachten häufig ihre Opfergaben zur Kaaba.

In dieses religiöse, soziale und wirtschaftliche Zentrum wurde der Prophet hineingeboren.

Der arabische Prophet

Der Vater des Propheten, Abdullah, stammte aus dem Geschlecht der Banu Hashim, einer Abzweigung der Quraish, seine Mutter war Aamina Bint Wahb. Sein Stammbaum führt zurück über Fihr (genannt Quraish) und über Adnan zu Ismail, dem Sohn Abrahams. Dessen Ahnenkette soll über den Propheten Noah und über Idris bis zum Stammvater Adam zurückführen.[10]

Mohammed wurde im Jahre 571 n. Chr. geboren, zwei Monate nach dem Tode seines Vaters. Das Geburtsjahr des Propheten heißt in der alten Geschichte „das Jahr der Elefanten«, für die damalige Zeit ein bedeutsames Jahr, in dem ein bedeutsames Ereignis stattfand. Wie überliefert, versuchte Abraha, eine Art Gouverneur, der in Südarabien (Jemen) im Namen des christlichen Negus von Abessinien regierte, nach einer Auseinandersetzung mit einigen Mekkanern und aus Neid, weil alle arabischen Stämme zur Kaaba pilgerten, Mekka zu erobern. Dieser Angriff scheiterte jedoch, und die Legende sagt, seine Armee sei einschließlich der Kampfelefanten vernichtet worden. Vögel, die kleine Steine herbeitrugen und das Heer damit „bombardierten", hätten dies vollbracht und die Eroberungsabsichten vereitelt.

Mohammed wurde, wie es in den Familien der Handelsherren von Mekka üblich war, schon als Neugeborener einer Amme übergeben, die ihn in die Wüste zu dem Beduinenstamm der Banu Saad brachte. Die Wohlhabenden der damaligen Zeit schickten für gewöhnlich ihre Kinder in die Wüste, damit sie dort bei einem Beduinenstamm gesünder aufwuchsen und sich abhärteten und auch, damit sie die reine arabische Sprache übernahmen. Mohammed blieb mehr als vier Jahre bei den Banu Saad, kehrte dann nach Mekka zurück und wohnte dort zusammen mit seiner Mutter und seinem Großvater Abdel Muttaleb.

Im Alter von sechs Jahren verlor er die Mutter, als er acht Jahre alt war, den Großvater. Danach lebte er in der Obhut seines Onkels Abu Taleb. Im Alter von zehn Jahren wurde er Schafhirte, später Händler. Um diese Zeit gab man ihm den Beinamen Al Amin, was soviel bedeutet wie „der Ehrliche", „der Vertrauenswürdige". Mit fünfundzwanzig Jahren heiratete Mohammed die reiche Witwe Khadija, die wesentlich älter war als er, und übernahm die Betreuung und Verwaltung ihres Handelsunternehmens. Seine Handelsreisen führten ihn dabei mehrere Male nach Syrien.

Der Ehe mit Khadija entstammten zwei Söhne und vier Töchter. Den Beinamen Abul Kassem erhielt Mohammed nach dem ältesten Sohn. Seine Söhne starben früh, während die Töchter Zainab, Rukaiah, Om Kulthum und Fatima ihn überlebten.

Zu den Gewohnheiten des Stammes der Quraish gehörte es, daß man sich zeitweilig zu einer Art religiöser Übung allein in die Gebirgseinsamkeit begab. Auch Mohammed übte diesen Brauch, den sogenannten „Tahannus", indem er sich für einen Monat im Jahr auf den Berg Hirâ in der Nähe von Mekka zurückzog, wo er in einer Berghöhle, wie man heute sagen würde, meditierte. Dies liebte er sehr, was auch aus dem bekannten Ausspruch seiner zweiten Frau Aisha hervorgeht, wonach ihm die Einsamkeit am liebsten gewesen sei. Die Sufis, die späteren islamischen Mystiker, wiesen besonders auf diesen Umstand hin, um den Ursprung ihres eigenen Weges und ihrer religiösen Übungen aufzuzeigen und deren Richtigkeit darzulegen. Bis heute üben manche fromme Moslems den „Khulwah" (d. h. „mit sich allein sein") während eines oder mehrerer Tage im Monat.

Die Offenbarung

Die „Offenbarung" Gottes erhielt Mohammed im Alter von vierzig Jahren, als er sich allein auf dem Berg Hirâ aufhielt. Der Engel Gabriel überbrachte ihm die Botschaft Gottes, und zwar die Sure des Koran, die mit dem Satz beginnt, der von Gabriel ständig wiederholt wurde: *„Lies* (Trag vor), *im Namen deines Herrn, der erschaffen hat...*" (Sure 96, 1: „Der Embryo")

Mohammed verkündete die Gottesbotschaft und übermittelte die einzelnen Kapitel, Suren genannt, wie sie ihm, eine nach der anderen, offenbart wurden, d. h. den Koran, in einem stilistisch sehr hoch einzustufenden, sprachlich schönen und grammatikalisch korrekten Arabisch, obwohl er Analphabet war. Zuerst überzeugte er seine Familie. Ein Verwandter seiner Frau Khadija namens Urwa Ibn Waraka, ein Hanife, der an die Einzigkeit Gottes glaubte, bestätigte ihm sein Prophetentum.

Die ersten Personen, die an seine Botschaft glaubten und dem Islam beitraten, waren seine Frau Khadija und sein Neffe Ali Ibn Abi Taleb. Nach ihnen begannen mehr und mehr Einzelne diese Botschaft anzunehmen, darunter auch zwei angesehene und einflußreiche Persönlichkeiten, Abu Bakr Al Sadiq und Omar Ibn Al Khattab – bedeutende Kalifen mit berühmten Namen in der Geschichte des Islam.

Die Quraish, der herrschende Stamm in Mekka, reagierten auf den neuen Propheten und die neue Religion mit Angriffen und Spott. Das veranlaßte eine sehr kleine Anzahl der ersten Gläubigen, bis nach Abessinien zu fliehen und dort unter dem Schutz des christlichen Negus zu verweilen.

Der erste Durchbruch erfolgte durch die Annahme der Religion seitens zweier Stämme, der Aus und Khazraj, die Al Medina, Yathrib, eine große Oase nördlich von Mekka, bewohnten. Angesichts der Leiden, welche die Moslems in

Mekka unter dem Joch der Quraish zu erdulden hatten, veranlaßte sie der Prophet, nach Medina auszuwandern. Er selbst blieb einige weitere Jahre in Mekka, dann wanderte auch er zusammen mit seinem Gefolgsmann Abu Bakr nach Medina aus. Dabei waren sie gezwungen, sich drei Tage lang in einer Höhle vor ihren Verfolgern versteckt zu halten. Dies war im Jahre 622 und bildet den Anfang der islamischen Zeitrechnung, die „Hidschra".

In Medina konnte sich die islamische Gemeinde voll entfalten. Eine kleine jüdische Gemeinde in der Umgebung der Oase lehnte die neue Religion allerdings ab. Sie hetzte und intrigierte gegen sie, mißachtete ein Abkommen und verbündete sich mit den angreifenden Feinden der Moslems, was zur Vertreibung der jüdischen Gemeinde aus der Umgebung von Medina führte.

Von Medina aus wurden in der Folgezeit Auseinandersetzungen und Kriege mit den Quraish geführt, bis schließlich auch diese und die anderen arabischen Stämme der Halbinsel den Islam annahmen und die alten Religionssymbole und Götzenbilder zerstörten.

Nachdem die Stämme in Mittel- und Nordarabien die islamische Religion angenommen hatten und die christlichen und jüdischen Gemeinden sahen, daß der Islam ihre Religionen respektierte, wurden Boten und Missionare in die entferntesten Teile des Landes geschickt, vor allem nach Süden, in das Gebiet des heutigen Jemen, und in einer sehr kurzen Zeitspanne wurde die gesamte Arabische Halbinsel eine große islamische Gemeinschaft, die in Harmonie und ohne Zwang mit der kleinen Anzahl christlicher und jüdischer Gläubigen zusammenlebte.

Der Tod des Propheten

Der Prophet, nachdem er sich der Unterweisung der neuen Religion und der Erläuterung des Koran gewidmet hatte, starb im Jahre 632. Auf die Moslems wirkte sein Tod zunächst als großer Schock. Nach einem – abgesehen von der Offenbarung – ganz normalen menschlichen Dasein war der Gesandte Gottes eines normalen, natürlichen Todes gestorben. Er hatte auch immer betont, daß er nur ein Gesandter sei, ein Mensch, der, ohne göttliche Eigenschaften zu besitzen, die Botschaft Gottes verkündete, und im Koran wird dies ebenfalls immer wieder ausdrücklich betont. Trotzdem fiel es einigen nicht leicht, seinen Tod so ohne weiteres hinzunehmen.

Omar Ibn Al Khattab – ein getreuer Gefolgsmann Mohammeds – versuchte, den Moslems zu erklären, daß der Prophet nicht wirklich tot sei, sondern daß er vielleicht zurückkehren werde. Dabei gab für ihn das psychologische Moment den Ausschlag, einfach nicht wahrhaben zu wollen, daß der Verkünder der göttlichen Botschaft wie jeder andere Mensch sterben mußte. Abu Bakr aber, ebenfalls Mohammeds Gefährte, Freund und Vertrauter, machte jedoch jeder Spekulation ein Ende. Jeder Moslem kennt seine berühmten Worte. Er stand inmitten einer Moslemversammlung auf und sagte: „Wer Mohammed anbetet – Mohammed ist tot. Wer Gott anbetet – Gott lebt und ist unsterblich“, und er las den Koranvers, wo es heißt: *„Du bist tot, und sie sind tot.“*

Der Prophet wurde in seinem eigenen Haus beerdigt.

Nach Mohammeds Tod wurde unter den Moslems Abu Bakr zum ersten Kalifen im Islam gewählt. Kalifat bedeutet soviel wie Nachfolgerschaft des Propheten im weltlichen Sinne. Nach Abu Bakr übernahm Omar Ibn Al Khattab das Kalifat, dann als dritter Osman Ibn Affan, danach Ali. Nach Alis Tode und dem Verzicht seines Sohnes Al Hassan – der zweite Sohn Al Hussein wurde, als er später seinen Anspruch geltend machen wollte, getötet – übernahm Moawiya Ibn Abi Sufian das Kalifat und begründete die Omaijadendynastie. – Der neue Kalif und Herrscher war ein rein weltlicher, politisch orientierter Regent, der die Hauptstadt des Reiches nach Damaskus verlegte.

Damit entstand die erste Spaltung im Islam. Ein Teil der Moslems erkannte das Kalifat Moawiyas nicht an, sondern sah in Ali und seinen Nachfolgern die rechtmäßigen Kalifen. Sie wurden „Shiat Ali“, d.h. die Anhänger oder die Partei Alis genannt, bis heute bekannt als „Schiiten“ im Gegensatz zur großen Mehrheit der Moslems, den „Sunniten“.

Die Ausbreitung des Islam

Nach dem Tode Mohammeds verbreitete sich der Islam auch außerhalb der Arabischen Halbinsel mit erstaunlichem Erfolg und in einer Weise, die ans Wunderbare grenzt. In weniger als zwanzig Jahren eroberten die arabischen Armeen fast die gesamten damals bekannten Kulturländer des Vorderen Orients: Ägypten, Syrien, Mesopotamien, Persien und die Cyrenaika.

In einem Zeitraum von etwa hundert Jahren erreichte das Islamische Reich eine Ausdehnung von Spanien im Westen bis zu den Grenzen Chinas im Osten.

Eine zweite Ausdehnungswelle des Islam kam später mit dem Vordringen durch die Turkvölker. 1453 wurde Konstantinopel von den Türken erobert. Nach Osten hin wiederum wurden im 13. Jahrhundert große Teile Indiens erobert bzw. islamisiert (Sultanat Delhi, Bahmanidenreich im Dekkan, die Moghuln), und im Norden zogen die Heere des Osmanischen Reiches vom 14. Jahrhundert an über die ganze Balkanhalbinsel bis vor die Tore Wiens (1529).

Nicht nur durch Eroberung hat der Islam in verschiedenen Ländern Fuß gefaßt, sondern auch durch Kontakte mit Händlern, Seeleuten, Pilgern, Reisenden, Gelehrten sowie mit den Sufis, den Mystikern. Dies betrifft vor allem die Länder der malaiischen Halbinsel und gilt weitgehend auch für Afrika, also die Gebiete des sogenannten „Monsunislam" und des „schwarzen Islam", wie die europäischen Bezeichnungen lauten.

Islamisierung durch das Schwert?

Wenn man über die Ausbreitung des Islam spricht, müssen einige Worte über eine Behauptung gesagt werden, die ein Überbleibsel der Intoleranz des Mittelalters ist und zu Unrecht immer noch vorgebracht wird: daß sich der Islam durch das Schwert verbreitet habe.

Man übersieht leichtfertig die historisch erwiesene Tatsache, daß trotz der Eroberung verschiedener Länder die Religion des Islam den dort lebenden Völkern nicht aufoktroyiert wurde, entsprechend der allgemein geltenden Regel des Koran *„in der Religion gibt es keinen Zwang"*. (Sure 2, 256: „Die Kuh")

Im Koran spricht Gott zu seinem Propheten: *„Und wenn dein Herr wollte, würden die, die auf der Erde sind, alle zusammen gläubig werden (oder: wenn dein Herr gewollt hätte, wären die, die auf der Erde sind, alle zusammen gläubig geworden). Willst nun du die Menschen (dazu) zwingen, daß sie glauben?"* (Sure 10, 99: „Jonas") *„Und sag: (Es ist) die Wahrheit (die) von eurem Herrn (kommt). Wer nun will, möge glauben, und wer will, möge nicht glauben."* (Sure 18, 29: „Die Höhle")

Nicht nur in den eroberten Gebieten, sondern selbst im Kernland Arabien wurde die freie Ausübung der eigenen Religion sowie der Schutz der religiösen Besitztümer und der Gebetsstätten garantiert. Insbesondere gilt dies für Christen und Juden, die im Koran als „Leute des Buches" (der Schrift) (Sure 2, 121: „Die Kuh") bezeichnet werden. *„Diejenigen, die glauben (d. h. die Muslime) und diejenigen, die dem Judentum angehören, und die Christen und die Sābier, – (alle) die, die an Gott und den jüngsten Tag glauben und tun, was recht ist, denen steht bei ihrem Herrn ihr Lohn zu, und sie brauchen (wegen des Gerichts) keine Angst zu haben, und sie werden (nach der Abrechnung am jüngsten Tag) nicht traurig sein."* (Sure 2, 62: „Die Kuh")

In der Praxis gestaltete sich die Eroberung eines Landes hinsichtlich der Behandlung der Bewohner so, daß diese entweder den Islam annahmen oder ihn ablehnten und in diesem Fall „Dzimmy“ („Leute des Vertrages“) wurden, d. h. das Zusammenleben mit den Moslems mit allen deren Rechten sowie die Verpflichtung akzeptierten, keine feindlichen Akte gegen sie und ihre Religion zu begehen. Sie genossen volle Rechte und den Schutz der freien Ausübung ihrer eigenen Religion.

Die einzige Unterscheidung zu den Moslems bestand darin, daß sie nicht zur Teilnahme an deren militärischen Aktionen beziehungsweise Kriegen, also zum Wehrdienst, verpflichtet werden durften und daß sie von der „Zakat“, den Steuern, die ein Moslem an den Staat zahlen mußte, befreit waren. Als Ersatz zahlten sie eine bestimmte Geldsumme oder ein Kopfgeld, die „Djiziah“.

Der Prophet bekräftigte den Schutz der Andersgläubigen mit den Worten: *„Wer einem ‚Dzimmy‘ Schaden zufügt, ist mein Feind am Jüngsten Tag ...“*

Die nach einhelliger Zustimmung der moslemischen Gelehrten für die nichtmoslemischen Vertragsleute geltende Regel lautet wie folgt: „Sie haben unsere Rechte und Pflichten. Sie dürfen in ihrer Religion nicht angetastet werden. Ihre Familien unterstehen ihrer eigenen Religion, bei der zu bleiben sie vorziehen, denn der Islam zwingt niemanden, eine Religion anzunehmen, wenn er dies nicht will“, wie es Sheikh Abuzahrah, Professor für Islamisches Recht an der Universität Kairo, formulierte.[11]

Die Behandlung der Christen in Ägypten und Syrien etwa, die Situation der Juden im islamischen Andalusien und die der Hindus in Indien unter Akbar zeugen von einem ungewöhnlichen Maß an religiöser Toleranz und lassen die Koexistenz und Harmonie zwischen den verschiedenen religiösen Gruppierungen als beispielhaft erscheinen.

Es wird oft übersehen, daß der Islam zu einem wesentlichen Teil durch Kontakte und Überzeugungskraft, ohne militärische Eroberung, in mehreren Ländern Fuß faßte.

Die stärksten Beweggründe bei der Ausbreitung des Islam waren, neben der religiösen Überzeugung, die Verkündigung des Prinzips der Gleichheit mit der Forderung nach der Abschaffung der Unterschiede von Rasse, Klasse und Kaste und vor allem die beispielhafte Lebensweise der frühen Moslems.

Daß der Islam keine Geheimnisse, keine komplizierten Mysterien kannte, daß es in ihm nicht die Exklusivität einer Priesterhierarchie mit Sonderstatus gab, daß er beide Aspekte des Lebens, den weltlichen und den geistigen, als einander in Harmonie ergänzende Teile bejahte, machte ihn für die Menschen insbesondere in Asien und Afrika leicht verständlich und zugänglich.

Geschichte der islamischen Welt

Wollte man eine knappe Skizzierung der Aufeinanderfolge der historischen Epochen in der islamischen Welt geben, ohne dabei die verschiedenen Teilstaaten zu berücksichtigen, sähe dies folgendermaßen aus:

Die ersten vier Kalifen, die sogenannten „Weisen“	632– 661
Die Omaijaden-Dynastie	661– 750
Die Abbasiden-Dynastie	750–1259
Die Mamelucken-Herrschaft	1250–1534
Das Osmanische Reich	1301–(1534)–1924

1301: Osman I gründet das Osman. Reich

1534: Verzicht der letzten Abbasiden-Kalifen zugunsten Suleiman II

Die größten äußeren Gefahren für die islamische Welt und die größten gegen sie gerichteten militärischen Aktionen waren:

Die Kreuzzüge	1096–1270
Das Eindringen der Mongolen	1256
Der europäische Kolonialismus	18.–19. Jahrhundert.

Die weisen Kalifen

Unter den vier Wahlkalifen nach dem Tode Mohammeds, Abu Bakr Al Sadiq (632–634), Omar Ibn Al Khattab (634–644), Osman Ibn Affan (644–656) und dem Neffen des Propheten Ali Ibn Abi Taleb (656–661), wurde das islamische Reich befestigt und weiter ausgedehnt.

In seiner kurzen Regierungszeit von zwei Jahren sorgte der erste Kalif Abu Bakr für Stabilität auf der gesamten arabischen Halbinsel. Er bekämpfte die Stämme, die sich nach dem Tode Mohammeds vom Islam abkehrten (Riddah-Kriege).[12] Er beschleunigte die Vorbereitungen für die Aufstellung einer arabischen Armee, um nach Norden zu stoßen, und setzte den wegen seiner Jugend umstrittenen Zeid Ibn Thabet als obersten Befehlshaber dieser Armee entsprechend den Empfehlungen des Propheten vor seinem Tode ein.

Omar lehnte trotz Drängen und Rat seiner Feldherren jeden Seekrieg und die Schaffung einer Flotte ab. Er begründete dies mit den großen Gefahren, die er für seine im See-Krieg unerfahrenen Beduinensoldaten bei einem Einsatz im Mittel- oder Roten Meer sah.

Die arabisch-islamischen Armeen stießen, unter dem zweiten Kalifen Omar, auf dem Landweg in drei Richtungen nach Norden vor: nach Syrien, in die Richtung von Irak –Persien und nach Ägypten.

Syrien wurde erobert nach den Schlachten von Adjnadin 634 und von Yarmuk 636. (Damaskus 635, Jerusalem 638.)

Persien und der Irak wurden besetzt nach den Schlachten von Alkadisieh 634, Almadain 637 und Nihawand 642. (Ktesiphon 636, Mossul 641.)

Unter Führung des Feldherrn Amr Ibn Al As wurde Ägypten nach der Schlacht von Fustat 640 eingenommen (Alexandrien 642), und die arabischen Armeen drangen weiter nach Westen bis nach Libyen vor (Barka 642, Tripolitanien 642–645).

Freiheit für die Kopten

Hier ist anzumerken, daß die islamischen Eroberer den Völkern mancher Gebiete als Befreier erschienen. Angesichts der Zersplitterung innerhalb der christlichen Welt, die bis zu bitterer Feindschaft vor allem zwischen der byzantinischen Kirche und den Christen im Vorderen Orient führte, zogen diese die freie Religionsausübung unter den Arabern der Unterjochung und Diskriminierung durch Rom oder Byzanz vor.

Ein Beispiel sind die ägyptischen Kopten, die unter den Byzantinern wegen der religiösen Intoleranz der Glaubensbrüder sehr gelitten hatten. Die Erleichterung über die Befreiung von der byzantinischen Herrschaft drückt sich in den an die arabischen Befehlshaber gerichteten Worten des Oberhauptes der ägyptischen Christen Al Mukaukas aus: „Die Übernahme durch euch ist ein Segen für dieses Land und seine Bevölkerung."

Sawirus Ibn Al Mukaffa schreibt in seinem Buch „Geschichte der Alexandriner Patriarchen" folgendes: „Benjamin, der koptische Patriarch, kehrte zurück nach Alexandrien, nachdem er sich dreizehn Jahre vor der byzantinischen Unterdrückung versteckt hatte, als Amr Ibn Al As für seine Sicherheit garantiert und ihn aufgefordert hatte, die Sache seiner christlichen Gemeinde in die Hand zu nehmen. Klöster, Kirchen und übriges Besitztum der ägyptischen Christen wurden an sie zurückgegeben und nicht angetastet. Sie konnten nach langer Zeit wieder ihren Glauben in voller Freiheit und in einer Zeit des religiösen Friedens ausüben."[13]

Die Behandlung der Heiligen Stadt Jerusalem und ihrer christlichen Bevölkerung sowie die Verträge, die deren Rechte auf freie Religionsausübung wie den Schutz ihrer Besitztümer, Kirchen und Klöster sicherten, sind in der Geschichte der Eroberungen und Kriege immer noch beispiellos.

Man erinnert sich mit Stolz an die Geschichte über den islamischen Kalifen Omar Ibn Al Khattab. Als dieser sich in einer Kirche in Jerusalem befand und die Zeit zum Gebet nahte, bot ihm der christliche Patriarch an, dort sein Gebet zu verrichten. Doch Omar lehnte dies ab. Er lehnte auch den Vorschlag seiner moslemischen Gefährten ab, auf der äußeren Treppe zu beten, mit der Begründung, er fürchte, daß, wenn er dies tue, später Moslems das fälschlicherweise als einen Anspruch auf den Besitz dieser Kirche verstehen könnten.

Der dritte Kalif Osman führte die Eroberungen weiter nach Westen (Lybien) und nach Norden. Im Gegensatz zu seinem Vorgänger Omar, errichtete er eine arabische Flotte, nachdem Alexandrien von einer byzantinischen Flotte bedroht worden war. Diese arabische Flotte eroberte die Inseln Zypern 649 und Rhodos 654.

Osman setzte seine Verwandten in Schlüsselpositionen in den neu eroberten Gebieten. Ihm wurde dann vorgeworfen, seine Sippe, die Omaijaden, zu bevorzugen, was zu seiner Ermordung 636 führte. Damit begann die erste ernsthafte Auseinandersetzung und Spaltung im Islam. Man bezichtete die Anhänger des nächstfolgenden Kalifen Ali, den Mord an

Osman begangen zu haben und verlangte nach Rache für den Tod Osmans.

Ali, der vierte Kalif (Vetter und Schwiegersohn des Propheten Mohammed), behauptete sich im Kampf gegen seine Widersacher unter der Führung der Prophetenwitwe Aisha in der Kamelschlacht bei Basra 656 und verlegte seine Residenz nach Kufa.

Die Omaijaden 661–750

Nach der Anfechtung der Rechtmäßigkeit des vierten Kalifen Ali, des Vetters des Propheten, durch die Witwe Aisha, durch Talha und Alzubair und nach dem Tode Alis, verzichtete dessen Sohn Al Hassan zugunsten des Statthalters von Damaskus, des Omaijaden Moawiya Ibn Abi Sufian, der die Omaijadendynastie gründete und die Hauptstadt nach Damaskus verlegte. Er machte das Kalifat erblich und setzte seinen Sohn Yazid als Nachfolger ein.

Unter Yazid wurde der zweite Sohn Alis, Al Hussein, am 10. 10. 680 infolge religiöser Streitigkeiten bei Kerbela im Irak ermordet. Dieser Tag, „Ashurah", gilt bis heute als der höchste Passionstag der Schiiten, den Anhängern Alis.

Unter den Omaijaden dehnte sich das Islamische Reich nach Norden und Osten weiter aus über Kabul, Buchara und Samarkand. Die arabischen Armeen drangen in Indien bis ins Indusgebiet (Multan 711) vor. Westwärts zogen sie gegen Byzanz und belagerten 718, allerdings erfolglos, Konstantinopel.

An der afrikanischen Nordküste setzten die Armeen ihre Eroberungen fort über Karthago (698) bis nach Tanger. Im Jahre 711 überschritt Tarek Ben Ziad die Meerenge von Gibraltar (Gabal Tarek – Berg des Tarek) und eroberte Spanien (Cordoba und Toledo 712). Weiter drangen arabische Armeen in Südfrankreich ein (Toulouse 721) und gelangten bis Tours und Poitiers (732).

Spanien, ein zu dieser Zeit verarmtes Land, wurde unter den Arabern zum blühendsten und bestverwalteten Land Europas. Die Toleranz unter den Religionen war beispielhaft. Die Juden genossen Rechte und Freiheiten, die sie nie zuvor bei andern Völkern und Regierungen erlebt hatten. Spanien wurde zu einer Bastion des Fortschritts und zum Sammelplatz für Wissenschaftler, Literaten und Künstler, was Auswirkungen im gesamten Europa nach sich zog, bis die Reconquista – der Kampf der christlichen Bevölkerung Spaniens gegen die arabische Herrschaft – nach sieben Jahrhunderten die arabische Herrschaft in Spanien beendete.

Die Omaijadenzeit war die Epoche der Ausdehnung und Konsolidierung des islamischen Reiches unter einer starken, rein arabischen Führung, die ihren ursprünglichen Charakter bewahrt hatte und durchzusetzen vermochte.

Die Abbasiden 750–1258

Die Schlacht am Zab (Nebenfluß des Tigris) beendete die Herrschaft der Omaijaden und setzte an deren Stelle die Dynastie der Abbasiden, die nach ihrem Begründer, dem Kalifen Abu Al Abbas, benannt ist. Hauptstadt des neuen Reiches wurde das 762 von dessen Nachfolger Al Mansur erbaute Bagdad.

Unter den Abbasiden festigte sich das Islamische Reich, dehnte sich weiter aus und verbuchte Erfolge gegen Byzanz. Die gesamten Mittelmeerinseln wurden erobert: Kreta (823), Sardinien (827), Sizilien (827), Korsika (850), die Balearen (902). Das Mittelmeer wurde ein arabisches Binnenmeer. Von Nordafrika drang der Islam süd- und westwärts weiter in den afrikanischen Kontinent vor. Fast ganz Indien gehörte nun zum Islamischen Reich (Ghaznawiden 1001 und Ghoriden 1193).

Die Dekadenz der Abbasidenzeit bereitete jedoch schon die Zersplitterung des Islamischen Reiches in mehrere Teilreiche vor, die dann durch die Angriffe der Mongolen eingeleitet wurde.

Die Hauptmerkmale und die wichtigsten Ereignisse der Abbasidenzeit lassen sich wie folgt zusammenfassen:

1. Kennzeichnend für diese Epoche war ein gewaltiger Aufschwung in allen wissenschaftlichen Disziplinen, vor allem in der Astronomie, Medizin, Chemie, Mathematik, Philosophie, begleitet von einem unermeßlichen Aufwand von Übersetzungen und Untersuchungen aller vorhandenen Werke der anderen Völker und Zivilisationen, besonders der Griechen, Inder, Perser und Chinesen. Ein fast fanatischer wissenschaftlicher Eifer, der sich auf experimentelle Untersuchungen stützte und auf die praktische Anwendbarkeit des Wissens abzielte, herrschte im gesamten Abbasiden-Reich. Kriegsgefangene wurden sogar gegen Bücher freigelassen. Für ein Buch war kein Preis zu hoch. In allen Städten entstanden Bibliotheken, Laboratorien, Kliniken, Sternwarten, Hochschulen usw. In den Residenzen der Kalifen und Provinz-Statthalter standen nicht so sehr politische und wirtschaftliche Aktivitäten im Vordergrund, vielmehr waren diese Residenzen eher Versammlungsstätten für Wissenschaftler und Literaten, die in sachlicher Argumentation mit- und gegeneinander wetteiferten.

Unvorstellbarer Reichtum war überall anzutreffen, aber auch Extravaganz und Verschwendung, die für den arabischen Charakter nicht typisch waren. Man denke nur an den Abbasidenkalifen Harun Al Rashid oder an die Erzählungen von Tausendundeiner Nacht, und man erhält ein plastisches Bild des damaligen Lebens.

2. Die Abbasidenzeit war gekennzeichnet durch die Einflußnahme der persischen Rasse und Kultur auf das Kalifat und das Reich.

Die Rolle Abu Moslem Al Khorasanis, des Mitbegründers der neuen Epoche der Abbasiden, die der Barmekidenwesire Harun Al Rashids, die persische Hilfeleistung an den Kalifen Al Mamun, dessen Mutter Perserin war, gegen seinen Bruder Al Amin, bildeten wesentliche Elemente der Konsolidierung des persischen Einflusses in der Abbasidenzeit.

3. Die politische und geistige Aufgeschlossenheit des großen Reiches führte zu Kontakten mit anderen Religionen, mit anderem Glaubensgut und mit philosophischen Richtungen, so vor allem mit denen der Inder und Perser. Hieraus entstand ein Komplex religiöser und philosophischer Wechselbeziehungen, aus dem sich eigene Schulen und Sekten herausbildeten, die auch eine Stärkung der Mystik zur Folge hatten und zu einer Blüte des Sufiordens führte.

4. Die weite Ausdehnung des Reiches, die Extravaganz und Dekadenz der Zentralregierung schwächten deren Kontrollfunktion und begünstigten die Entstehung von Teilstaaten, die entweder bei formaler Zugehörigkeit zum Kalifat in Bagdad praktisch unabhängig waren oder sich sogar gegen das Kalifat bildeten. Dies hatte eine generelle Schwächung der islamischen Reichsidee zur Folge. In Spanien entstand ein Gegenkalifat der Omaijaden (das von Cordoba) und in Ägypten ein Gegenkalifat der Fatimiden.

In Nordafrika gab es die Teilreiche der Idrisin, der Aglabiden, der Rustimiden, in Afghanistan und Indien die Reiche der Ghaznawiden und Ghoriden, das Sultanat Delhi und einige andere mehr.

5. Eines der wesentlichen Merkmale des Niederganges war das spätere Eindringen der Türken in das Abbasidenreich. Militärisch ausgebildete türkische Sklaven (Mamelucken), die als Palastwachen und Elitetruppen der Kalifen dienten, gewannen die Oberhand, und ihre Anführer gründeten später die verschiedenen Teilreiche der Mamelucken. Daneben entstand das türkische Reich der Seldschuken.

6. Die Angriffe der Tataren und Mongolen auf das islamische Reich und die brutalen Verwüstungen durch die Feldzüge Dschingis Khans und Hulagus mit ihrer Strategie der verbrannten Erde versetzten dem islamischen Reich empfindliche Schläge und fügten ihm nicht wieder gutzumachenden Schaden zu (Zerstörung von Bagdad 1258, Aleppo und Damaskus), bis 1260 die Horden Hulagus bei Ain Djalout durch ägyptische Armeen zurückgeworfen wurden.

7. Nach dem Vordringen der Seldschuken in Syrien und Palästina gegen die ägyptischen Fatimiden konkretisierten sich die christlichen Ideen zur Eroberung Jerusalems, und es kam zu den Kreuzzügen. Am 26. 11. 1095 gab Papst Urban II. auf der Synode von Clermont das Zeichen: „Deus lo volt" – „Gott will es." Es folgte der erste Kreuzzug von 1096 bis 1099, gefolgt von sechs weiteren. Der siebte und letzte fand im Jahre 1270 statt.

Der erbitterte Kampf um Palästina (das Hl. Land) zwischen den moslemischen und den christlichen europäischen Heeren dauerte nahezu zwei Jahrhunderte. Wie später im Falle des Mongolenangriffs gaben auch hier die Truppen des ägyptischen Sultans den Ausschlag: durch den Sieg Salah El Dins in der Schlacht von Hattin 1187 wurde Jerusalem zurückgewonnen.

Die Mamelucken

Um die Mitte des 10. Jahrhunderts bestand das Kalifat in Bagdad nunmehr als nominelle Einheit. Die zahlreichen Einzelstaaten, die nach dem Eindringen der Türken durch die Aufspaltung des Abbasiden-Reiches entstanden, waren lediglich durch die formale Anerkennung des Kalifats in Bagdad miteinander verbunden.

Die Mamelucken, die von den Kalifen der Dekadenzzeit aus Mittelasien an ihre Höfe geholt worden waren, gewannen immer stärkeren Einfluß, bis sie schließlich zu einem bedeutenden Machtfaktor wurden.

Eines der größten Teilreiche war das der türkischen Seldschuken, die in Kleinasien, dem Irak und Syrien herrschten.

In Ägypten folgte auf das Ende der schiitischen Fatimidenherrschaft (961–1171), die das Abbasiden-Kalifat in Bagdad nicht anerkannt und in Kairo ein Gegenkalifat errichtet hatte, die Dynastie der Aijubiden (1171–1250), deren Begründer, der sunnitische Sultan Salah El Din, im Jahre 1187 in der Schlacht bei Hattin das Heer der europäischen Kreuzritter besiegte und das umkämpfte Jerusalem einnahm.

Die türkischen Mamelucken gewannen unter den Aijubiden immer größeren Machtzuwachs. Nachdem sie als Elitetruppe Ägyptens 1250 bei Mansoura das Kreuzritterheer Ludwigs IX. gefangengenommen und in Ain Djallut 1260 den Sieg über die Mongolen errungen hatten, gelangten sie zur Herrschaft in Kairo.

Der bedeutendste Sultan und eigentliche Begründer des Mamelucken-Reiches war Baybars I. Er eroberte Syrien und errichtete die östliche Grenze seines Reiches mit dem Euphrat als endgültiger Trennungslinie zum Mongolenreich. 1261 holte er einen Sproß der Abbasiden-Familie nach Kairo und ernannte ihn zum Kalifen. Damit legalisierte er seine Regierung und verlieh zugleich seinem Reich Ansehen und Glanz. In den Jahren 1265 bis 1291 eroberte er die christlichen Befestigungen an der syrischen Mittelmeerküste.

Unter den Mamelucken blieb Ägypten mit Kairo als Hauptstadt bis zum Jahre 1517 Sitz der abbasidischen Kalifen und entwickelte sich zum Zentrum der islamischen Welt.

Die Osmanen

Nach dem Überfall der Mongolen auf die islamischen Gebiete, vor allem in Persien, stießen moslemische Türkenheere nach Westen vor und gründeten unter Osman I. ein eigenes Reich in Kleinasien. Die kleine Dynastie von Gazis als „Kämpfer des Heiligen Krieges" gegen Byzanz bildete in Anatolien den Kern des späteren Osmanischen Reiches mit der Hauptstadt Bursa.

Nach der Schaffung einer hochdisziplinierten und hart gedrillten Kampftruppe wurden die Serben bei Kossovo besiegt, und auch Mazedonien und Bulgarien konnten erobert werden. Während die Rolle, die schon die Mameluk-ken bei der Abwehr der Kreuzzüge gespielt hatten, weiterhin nachwirkte, brachten insbesondere die Siege von Nicopolis 1396 und Varna 1444 den osmanischen Türken in der islamischen Welt großes Ansehen.

Der militärische Durchbruch und Aufstieg zum türkischen Großreich erreichte einen Höhepunkt mit der Eroberung Konstantinopels 1453 unter Sultan Mohamed II. dem „Eroberer", der es zu seiner Hauptstadt machte.

Die Länder Bosnien, Albanien und Ungarn wurden im weiteren Verlaufe erobert, und im Jahre 1529 stießen die türkischen Heere bis Wien vor, welches sie jedoch ergebnislos belagerten. Des weiteren wurden die Inseln Rhodos, Kreta und Zypern osmanisch.

Nach Osten und Süden hin eroberte Sultan Selim I. Syrien, Arabien und Ägypten (1517) sowie den Irak (1534). Der letzte Abbasidenkalif verzichtete zugunsten Sultan Selims II., wodurch die Stadt Bagdad ihre Bedeutung verlor.

Nach dem Frieden von Adrianopel (1568) und der Seeschlacht bei Lepanto (1571) begann der Verfall des Osmanischen Reiches in rivalisierende Teilstaaten und Provinzen, und führte zur offiziellen Abschaffung des Kalifats.

1921 begründete Kemal Atatürk die neue Türkei.

Heiliger Krieg in Europa?

Um einem falschen Eindruck, den europäische Autoren gelegentlich in ihren Werken vertreten, entgegenzutreten, nämlich, daß die osmanische Epoche mit ihren militärischen Eroberungen von Teilen Europas als repräsentativ für die Lehre des Islam und die Religion der Moslems anzusehen sei, sollen hier einige wesentliche Punkte richtiggestellt werden.

Ohne Zweifel haben die türkischen Moslem-Dynastien, die Ägyptischen Mamelucken und die Osmanen große Verdienste erworben, und zwar durch die Abwehr drohender Gefahren für die islamische Welt, indem sie als tapfere und gute Soldaten die mongolischen Vernichtungswellen und die Bedrohung durch die Heere der Kreuzzüge zurückschlugen und zudem weitere Gebiete eroberten. Die Art ihrer Kriegführung und die Behandlung ihrer moslemischen Untertanen in den eroberten Gebieten ließen jedoch später vieles zu wünschen übrig. Vom Geist und der Lehre des Islam, in dessen Namen sie kämpften, waren sie oft weit entfernt.

Aufgrund der Tatsache, daß es sich bei diesen islamischen Eroberungen um die jüngsten ihrer Art handelt, die die europäischen Völker direkt und hautnah trafen, gerade zur Zeit der größten Intoleranz zwischen Moslems und Christen, was sich ja eben in den Kreuzzügen wie andererseits in den osmanischen Kriegen niederschlug, neigen naturgemäß immer noch viele dazu, negative Aspekte dieser Kriege als charakteristisch für die moslemische Kriegführung zu sehen und hieraus die fälschliche Behauptung aufzustellen, der Islam habe sich mit Feuer und Schwert durchgesetzt.

Tatsache aber ist, daß die Moslems sich nicht mit diesen Aspekten identifizieren oder sie als in irgendeiner Weise repräsentativ für ihre Religionslehre und Moralvorstellungen betrachten. Im Gegenteil, man sieht in der Mameluk-ken-Herrschaft wie in der osmanischen Epoche eine Zeit der Dekadenz für die Lehre des Islam, eine dunkle Zeit für die islamische Kultur, in der Unterdrückung praktiziert wurde, nicht etwa nur den Angehörigen anderer Religionen gegenüber, sondern vor allem auch gegenüber der moslemischen Bevölkerung selbst und in allen islamischen Gebieten.

Für den Moslem sind die Berichte von Massakern und Brutalität der Kriegführung in manchen Gebieten Europas für den Islam ebensowenig repräsentativ, wie Massaker und Brutalität bei den Kreuzzügen in manchen islamischen Gebieten es für das Christentum sind.

Ein Teil der als Sklaven in die islamische Welt gebrachten Mamelucken wurde ausgebildet, um als Palastgarden zu fungieren. Die von den asiatischen Turkstämmen kommenden Osmanen nahmen den Islam nur formal an, ohne ausreichendes Verständnis für Inhalt und Botschaft und für den moralischen Geist der Religion zu haben. Ihre Kriege hatten mit Lehre und Botschaft des Islam wenig zu tun, sondern waren rein militärische Unternehmungen um der Macht willen und dienten der militärischen und politischen Annektion. Sie waren genauso wenig kennzeichnend für den Geist des Islam, wie es die Kreuzzüge oder die spätere Kolonialherrschaft für die christliche Religion und ihren Geist waren. In all diesen Fällen handelte es sich um die Verfolgung machtpolitischer Ziele durch militärische Aktionen seitens islamischer oder christlicher Länder.

Einem Moslem ist es deshalb unverständlich und sogar verdächtig, wenn europäische Historiker bei ihrem Versuch, sich über die Lehre des Islam als solche zu unterrichten, statt auf die frühislamische Epoche und auf die lange Hochblüte der arabisch-islamischen Kultur mit ihren wissenschaftlichen Leistungen und ihrer Toleranz in Bagdad, Damaskus, Kairo und Andalusien einzugehen, ausgerechnet die dunkelste Epoche islamischer Dekadenz und Abart als klassisches Beispiel für die Darstellung des Islam wählen.

Hören wir ein berufenes Urteil von moslemischer Seite über diese Epoche: „Unter den Osmanen und Mamelucken flüchteten die Ägypter aus ihrem Land und ihrer Heimat, um dem Joch der Unterdrückung und dem wirtschaftlichen Chaos zu entgehen. Die islamischen Gelehrten bekämpften es und stellten sich gegen dieses Joch.“ So schreibt Abdel Rahim Abdel Rahman in seinem Vorwort zu dem Manuskript „Al Aynis Geschichtsschreibung – Über die Geschichte Ägyptens vom Beginn der osmanischen Epoche bis 1737“.[14] Das Buch selbst erzählt von einer ununterbrochenen Kette von Gewalttaten, Brutalität, Korruption und einer unermeßlichen Ausbeutung und Unterdrückung der islamischen und christlichen Bevölkerung Ägyptens.

Sheikh Abdul Rahman Al Amin aus dem Sudan schreibt in seinem Essay „Moslems in Afrika“ folgendes über das Osmanische Reich: „Als der Osmanische Staat sich als mächtigster und größter islamischer Staat fühlte, behauptete er, ein Anrecht auf das Kalifat zu haben, in der Hoffnung, die Moslems würden sich um ihn versammeln, wie bei den Abbasidenkalifen und die Mängel seiner Gesellschaft übersehen, die auf Unrecht, Korruption, Verschwendung, Unterdrückung und Unterjochung aufgebaut waren, und nicht mit einem islamischen Kalifat oder rechtmäßigen Staat zu vereinbaren sind.“ Er kommentiert: „Nicht jeder, der fünfmal betet und fastet, ist ein Moslem.“[15]

Sheikh Abuzahrah (Al Azhar und Universität Kairo) beschreibt die Epoche wie folgt: „Das Ziel der Osmanen war nicht, den Islam zu verbreiten, sondern die Eroberung. Der Islam hat von dieser Epoche keinen Nutzen gehabt, weil die Seele und die Moral der Moslems geschwächt wurden. Die Osmanen agierten nicht für den Nutzen des Islam, sondern allein für die eigene Macht und für den Sultan.“

Die Kritik an manchen Aspekten des Osmanischen Reiches gilt natürlich den regierenden Sultanen und deren oberflächlichem Verständnis für den Geist des Islam, nicht aber ihren türkischen Untertanen, die genauso wie ihre anderen islamischen Brüder unter dieser Herrschaft gelitten haben.

Verbreitung durch den Einzelnen – „Ahad“

Der Islam verbreitete sich nicht nur als Begleiterscheinung von Eroberungen, sondern auch zu einem großen Teil durch Kontakte und Missionstätigkeit einzelner Moslems: Reisende, Händler, Pilger und Sufis. Eines der Beispiele für die Überzeugungskraft des Islam ist die Tatsache, daß Tataren und Mongolen, deren Länder nicht von Moslems erobert wurden, sondern die selbst einen großen Teil der islamischen Welt eroberten, nach der Berührung mit den Moslems in den von ihnen besetzten Gebieten den Islam annahmen.

Klassisches Beispiel für die Tätigkeit der einzelnen Moslems ist aber die Islamisierung Afrikas, der malaiischen Völker und teilweise Indiens.

Verbreitung des Islam in Afrika

Nach der Eroberung der afrikanischen Nordküste drangen die arabischen Armeen nicht weit ins Innere des afrikanischen Kontinents ein. Sie bewegten sich vielmehr in Richtung Norden nach Spanien.

Eine Ausnahme bildete das Vordringen Abdallah Ibn Abi Al Sarhs den Nil aufwärts während der Regierungszeit des dritten Kalifen Osman. Die nubischen Gebiete blieben nach einer vertraglichen Vereinbarung über die Djiziah (Kopfgeld) christlich – ein Beweis dafür, daß der Islam seine Verbreitung nicht auf dem Wege der Eroberung fand, sondern der Wille der Bevölkerung in den besetzten Gebieten, wenn diese für sich eine andere Religion wählte, respektiert wurde.

Abessinien, das ein von Byzanz unabhängiges christliches Land war, blieb von der Islamisierung unberührt. Die Moslems vergaßen nicht, daß zur Zeit des Propheten und der Verfolgung Abessinien ihren Glaubensbrüdern Asyl geboten hatte, und sie vergaßen auch nicht die Worte, die der Negus gesprochen hatte, als ihm die islamische Lehre dargelegt wurde: „Dies und das, was Christus brachte, entspringt derselben Quelle des Lichts."

Der Islam verbreitete sich in Afrika vor allem durch friedliche Mittel, nicht zuletzt auch wegen der von ihm vertretenen Rassengleichheit und der hohen moralischen Qualität der frühen Glaubensbrüder. Die Kontakte erfolgten durch das Eindringen islamischer Händler von Norden nach Süden bis ins Tschadgebiet und entlang der afrikanischen Westküste. Rege Handelsbeziehungen bestanden ebenfalls von der Arabischen Halbinsel über das Rote Meer nach allen Gebieten und Inseln Ostafrikas.

Eine Rolle spielten auch die Reiserouten der moslemischen Pilger von West- und Nordafrika nach Mekka quer durch den afrikanischen Kontinent. Hinzu kam der Umstand, daß die afrikanischen Herrscher vorzugsweise islamische Berater, Wissenschaftler und Literaten um sich versammelten.

Den größten Einfluß aber übten die islamischen Bewegungen und die Sufiorden aus, die es sich zur Aufgabe gemacht hatten, Aufklärungsarbeit in Afrika zu leisten. Durch das asketische Leben ihrer Mitglieder, die Kraft ihrer Überzeugung, die hohe Moral ihrer Lebensführung sowie durch ihre Vermischung mit der Bevölkerung wurde ein hoher Grad der Islamisierung erreicht. Die berühmtesten dieser Schulen und Sufiorden sind:

die Djilaniah-Bewegung, genannt nach Abdelkader Al Djilany,

die Tidjaniah-Bewegung, nach Ahmed Al Tidjany,

die Senusiah-Bewegung, nach Mohamed Aly Al Senousy,

und ferner die Mirghaniah, die Kadriah, die Mehdiah, die den Islam in den Gebieten von Nigeria, Ghana, Guinea, Senegal, Kongo, Tschad, Uganda, Rhodesien, in der Sahara und im Sudan verbreiteten. Diese Orden von Sufis oder Mystikern, Asketen und Gelehrten bestehen immer noch und spielen in einer Reihe von Ländern Nordafrikas, im Sudan und in anderen afrikanischen Staaten, eine nicht zu unterschätzende Rolle.

Anfang des 18. Jahrhunderts verbreiteten malaiische Moslems, die von den Holländern nach Südafrika deportiert wurden, den Islam in diesem Gebiet.

Verbreitung des Islam in Asien

Die Bewohner der malaiischen und südostasiatischen Länder nahmen den Islam zum größten Teil durch die Kontakte mit arabischen, indischen und chinesischen Händlern, die dort ein großes Ansehen genossen, an. Aber die Verbreitung des Islam fand auch durch Reisende, Gelehrte und Sufibrüder statt, die sich dies zur Aufgabe gemacht hatten.

Nach China kam der Islam durch Berührung mit den moslemischen Bevölkerungsgruppen, die an den Randgebieten des Chinesischen Reiches lebten.

Was Indien betrifft – damit ist das alte Hindustan (das heutige Indien, Pakistan und Bangladesch) gemeint – so sollte man nicht vergessen, daß sich auf diesem Subkontinent fast 12 Jahrhunderte lang ein islamischer Staat befand und daß der letzte islamische Sultan erst 1857 von den Engländern verbannt wurde.

Die ersten kleinen Expeditionen von Osman Ibn Abi Alaas Al Thakafi, des Gouverneurs von Bahrein und Oman, unter den Kalifen Omar und Osman im siebten Jahrhundert ins indische Gebiet von Gujrat waren unbedeutend, besonders nachdem der Kalif Osman beschlossen hatte, von einer Eroberung abzusehen und zwar aufgrund eines Berichts von Hakim Ibn Gabla Al Abdi, in dem es heißt: „Ein Land mit wenig Süßwasser und schlechten Früchten. Der Räuber ist dort ein gefeierter Held. Wenn die Armee klein gehalten wird, entsteht Chaos, wenn sie groß ist, herrscht Hungersnot.“ (Al Nimr Abdel Munim, Abou Alkalam Azad [A] Kairo 1973, nach Futuh Albildan) Ein Bericht, der nach einem Besuch in einem öden, armen Gebiet an der nordwestlichen Küste, ohne Kenntnis der großen Reichtümer und hohen Kulturgüter irrtümlich ein falsches Bild Indiens gab.

Der Islam faßte in Indien in mehreren Häfen und Städten Fuß durch Kontakte mit arabischen Händlern, so daß an der Westküste und im Süden islamische Kolonien, Handelsniederlassungen, Moscheen und schließlich eine Kette fast islamisierter und arabisierter Häfen entstanden. Die Eroberung des Gebietes von Sind erfolgte im Jahre 711 durch Mohamed Ibn Al Kassem Al Thakafi, nachdem ein moslemisches Schiff mit Witwen moslemischer Händler, darunter der Schwester des Gouverneurs von Irak Al Hajaj, von Indern gekapert worden war.

Ein zweiter Abschnitt von Kontakten mit indischen Regierenden wurde durch den Kalifen Omar Ibn Abdel Aziz eingeleitet. Die Beziehungen führten dazu, daß einige Fürsten den Islam annahmen. Hierbei spielte die Ablehnung des Kasten- und Rassensystems zwischen Regierenden und Regierten seitens des Islam eine bedeutsame Rolle, ja, kam einer sozialen Revolution gleich.

Eine neue Eroberung in Indien unternahm Mahmoud Al Ghaznawy im Jahre 1001. Unter den Ghaznawiden wurden Nord-, West- und Südwestindien islamisches Gebiet. Ihnen folgten die Ghuriden. Sultan Mohamed Al Ghury nahm 1193 Delhi ein. Sein Oberbefehlshaber Kutb Al Din Aibak, ein Mamelucke, machte sich 1206 selbständig. Das Sultanat

Delhi wurde daraufhin gegründet. Die Mameluckenherrscher wehrten die ersten Mongolenangriffe auf Indien ab, und setzten die Eroberungen nach Südindien fort (Sultanat Dekhan).

Mongolen und Türken eroberten sodann Indien unter Timur Lenk (1399). Unter seinem Nachkommen Babur wurde 1526 das islamische Moghulreich gegründet. Unter den Moghuln erlebte Indien eine seiner höchsten Blütezeiten in Literatur, Baukunst und Wissenschaft.

Es fand eine Verschmelzung und gegenseitige Befruchtung des Kulturgutes der Araber, Perser und Hindus statt. Übersetzungen von Büchern aus dem indischen Religions- und Kulturkreis ins Persische und Arabische ermöglichten Europa erstmals einen Einblick in die Kulturschätze der Inder (Übersetzung der Upanischaden, Miniaturmalerei, Bauten wie das Tadj Mahal, das Mausoleum Akbars in Sikandra, die Zitadelle von Lahore und die Perlmoschee in Delhi). Einige Moghulkaiser sind in der religiösen Toleranz sehr weit gegangen, bis zur Abschaffung der Djiziah für Hindus und sogar bis zu dem Versuch, zu einer einheitlichen Weltreligion zu gelangen.

Mit dem Beginn des europäischen Kolonialismus und vor allem der eigentlichen britischen Kolonialzeit wurden jedoch Moslems und Hindus gegeneinander ausgespielt, nach dem berühmten Grundsatz des „Divide et impera – Teile und herrsche!"

Der letzte moslemische Sultan in Indien, Siraj El Din Abu Mosafar Dorshah, wurde 1858 nach der Ermordung seiner Familie von den Briten nach Rangun verbannt und starb dort 1862 im Gefängnis.

Die islamische Welt in Statistiken

Heute gibt es mehr als 850 Millionen Moslems auf der gesamten Welt. Aufgrund der Entstehungsgeschichte und aus religiös, politisch und kulturell verständlichen Gründen bilden die arabischen Länder das Herz der islamischen Welt. Daneben sind die größten islamischen Ballungszentren in Indonesien, Pakistan und Bangladesch. Eine beträchtliche Zahl islamischer Minderheiten befindet sich in Indien, in der Sowjetunion und in China.

Die Gesamtzahl der Moslems kann nur schätzungsweise angegeben werden, wobei erhebliche Zahlenunterschiede bestehen. Die „Encyclopaedia Britannica" gibt sie mit 540 Millionen an, Richard von Weeks mit 720 Millionen und Munir El Sherbiny in einem Buch aus dem Jahre 1979 mit 850 Millionen. Präsident Sadat schätzte die Zahl in einem im Dezember 1979 gegebenen Interview auf mehr als 850 Millionen. Geographisch verteilt, handelt es sich um etwas über 200 Millionen in Afrika und über 600 Millionen in Asien.

Die Anzahl der islamischen Staaten gibt „Weeks" mit 41 an, 36 mit moslemischer Mehrheit und 5 mit einer moslemischen Bevölkerung von etwa 50 Prozent. Die Teilnehmer an der Dritten Islamischen Konferenz in Jidda zählten 33, die der Konferenz von Fez (Mai 1979) 42 islamische Staaten.

Angesichts der Unzuverlässigkeit der Zahlenangaben mancher Staaten hinsichtlich der Gesamtbevölkerung, wie der mangelnden Genauigkeit der über die verschiedenen Religionszugehörigkeiten bekannt gegebenen Zahlen – ei-

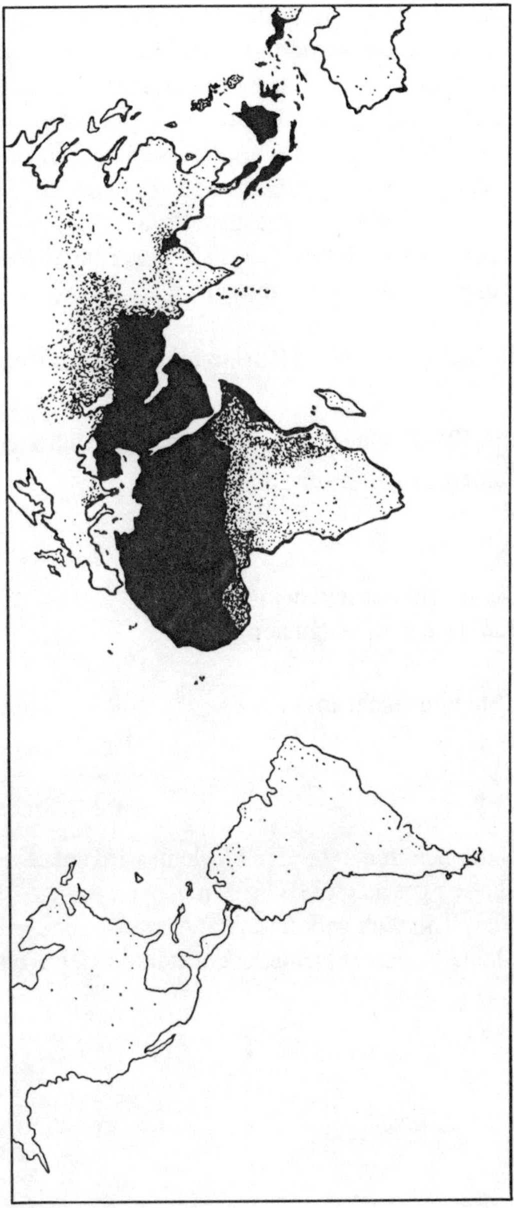

Die Karte zeigt die heutige Verbreitung des Islam.

nem Thema, bei dem nicht nur Instanzen unterschiedlicher Religionen gegeneinander wetteifern, sondern das in manchen Fällen einen bestimmenden Faktor der Innenpolitik darstellt –, ist es nur allzu verständlich, wenn sich genaue Zahlen nicht angeben lassen. Obwohl es sich mithin um Schätzungen handelt, glauben wir sagen zu können, daß die Zahl der Moslems in der Welt heute etwa bei 850 Millionen liegt. Es handelt sich also um mehr als ein Fünftel der Weltbevölkerung (von 4,124 Milliarden).

Die größten Gruppierungen gehen aus folgender Aufstellung hervor:

Arabische Welt (21 Staaten)	160 Millionen
Islamische Staaten in Asien (darunter die größten: Indonesien, Pakistan, Bangladesch, Türkei, Iran)	400
Große islamische Minderheiten in nicht-islamischen Ländern Asiens (Indien, China, Sowjetunion)	180
Afrikanische Staaten (nicht-arabische)	100
Sonstige	10
	850 Millionen

Die Anzahl der Schiiten unter den Moslems wird auf etwa 85 bis 95 Millionen geschätzt (10 Prozent).

Die folgenden Tabellen geben schätzungsweise die Anzahl der Moslems in den verschiedenen Staaten der Welt wieder.

Staat	Einwohner (Gesamtzahl) Mio	Davon Moslems Mio
	I Die arabische Welt	
Ägypten	41	38
Marokko	18,2	18,2
Algerien	17,9	17,9
Sudan	17	15
Irak	12	12
Saudi-Arabien	10	10
Syrien	8	7,5
Jemen Nord	7	7
Tunesien	6,1	6,1
Somalia	3,8	3,8
Jordanien	3	3
Libanon	3	1,5
Libyen	2,7	2,7
Mauretanien	1,6	1,6
Jemen Süd	1,8	1,8
Kuwait	1,1	1,1
Oman	0,8	0,8
Emirate	0,9	0,9
Bahrain	0,4	0,4
Kattar	0,2	0,2
Palästinenser	3	2,5
	159,5	152,0
	II Islamische Länder in Asien	
Indonesien	143	138
Pakistan	76	76
Bangladesch	82	75
Türkei	42,5	42,5
Iran	35	35
Afghanistan	21	21
Malaysia	13	12
Malediven	0,14	0,14
	412,64	399,64

III Islamische Länder in Afrika

Nigeria	72	42
Mali	6,2	6
Senegal	5,3	5
Niger	5	5
Guinea	4,8	4,8
Tschad	4,3	4,2
Kamerun	8	4
Obervolta	6,6	4
Gambia	0,6	0,5
Djibouti	0,285	0,285
Sahara	0,16	0,16
Komoren-Inseln	0,350	0,35
	113,595	76,295

IV Moslems in nicht-islamischen Staaten

Indien	85
Volksrepublik China	50
Sowjetunion	45
Thailand	5,5
Philippinen	4,8
Nationalchina	2,5
Burma	2
Kambodscha	1
Sri Lanka	0,9
Singapur	0,5
Vietnam	0,4
Japan	0,1
Asien	197,7
USA	1
Kanada und Südamerika	1
Guayana	0,8
Argentinien	0,6
Amerika	3,4
Jugoslawien	3
Albanien	1,5
Bulgarien	1
Cypern	0,15
Europa	5,65

Äthiopien	17
Uganda	6,5
Kenia	5
Ghana	3
Elfenbeinküste	2,5
Sierra Leone	2
Dahomey	1
Mozambique	1
Malawi	0,85
Madagaskar	0,8
Benin	0,5
Liberia	0,4
Rhodesien	0,25
Zentralafrika	0,25
Guinea Bissau	0,2
Afrika	41,25
Insgesamt	248,0

Religiöse Stätten des Islam und wichtige theologische Universitäten

Für die Sunniten:
Mekka und Medina, Saudi-Arabien
Jerusalem, Palästina
Al Azhar-Universität, Kairo, Ägypten
Al Zeitouna-Universität, Tunis, Tunesien

Für die Schiiten:
Nejef und Kerbela, Irak
Meshed, Iran

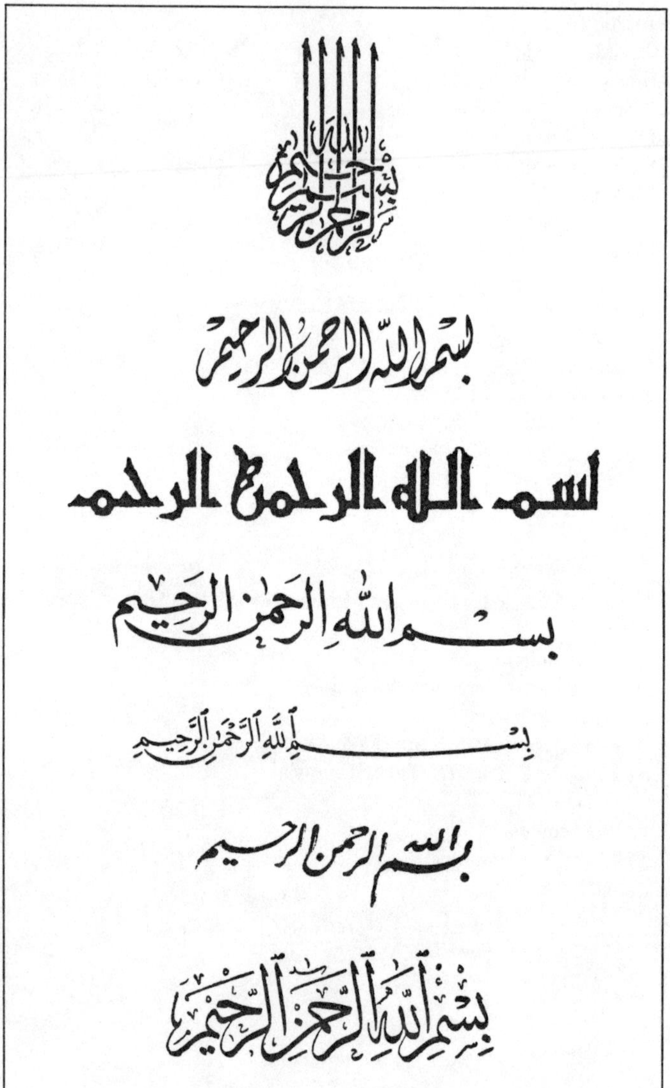

Verschiedene kalligraphische Formen des Satzes „Im Namen des barmherzigen und gnädigen Gottes“.

III

Die Lehre

Wesen und Selbstverständnis

Die Lehre des Islam kann keinesfalls in Form einer rational scharf abgegrenzten Gesamttheorie, entsprechend der materialistischen Dialektik unseres Zeitalters, dargestellt werden.

Der Islam kennt keine Dogmen im engeren Sinne. Am Anfang war der Glaube an einen einzigen Gott, den Schöpfer. Aus diesem Glauben ergab sich die logische Folgerung der Bejahung und Hochschätzung des Geschaffenen, der kosmischen Gegebenheiten und der daraus erschlossenen Werte.

Der Islam ist eine direkte Aussage, die in erster Linie auf dem Glauben aufbaut, die die harten Realitäten des Lebens einbezieht und im Gegensatz zur griechischen Philosophie, zu den persischen Vorstellungen und zu anderen alten Denkweisen, keinen großen Wert auf philosophische und metaphysische Spekulationen oder auf Mysterien legt. Nach der Verbreitung des Islam und der Berührung und Konfrontation mit dem Gedankengut und den Glaubensvorstellungen anderer Völker beschäftigten sich einige islamische Gelehrte auch mit dogmatischen Prinzipien.

Al Mutazala und ihre Widersacher Al Ashariya sahen sich genötigt, sich mit dialektischen Gegenargumenten gegen die nicht-islamischen Philosophien und Theologien zur Wehr zu setzen. Al Mutazala ist die Bezeichnung für eine starke islamische Bewegung, die etwa ab dem 3. Jahrhundert islamischer Zeitrechnung (10. Jahrhundert christl. Zeitrechnung) auftrat und die sich nicht mehr mit der früheren formalen Annahme und Auslegung der religiösen Texte begnügte. Der Intellekt, das logische Denken, philosophische Betrachtung und Spekulatives gewannen an Bedeutung in Religionsfragen. Auf diese Bewegung geht die Schule der Muttakalimun (arab. die Redner, ähnlich den Theologen) zurück. Geschichtlich entstand diese Bewegung nach einer Diskussion zwischen Al Hassan Al Basry und seinem Schüler Atta Ibn Wassel. Dr. Sigrid Hunke[16] schreibt über Al Mutazala folgendes:

> »Noch eine zweite geistige Bewegung, die überregionale und anhaltende Bedeutung gewann, entsprang, bereits in omaijadischer Zeit, d. h. noch vor 750 n. Chr., diesem brodelnden Schmelztiegel der Gegensätze. Ihre Anhänger nannten sich Mutasiliten, d. h. die sich Absondernden oder Zurückhaltenden. Immer bedrohlicher nämlich sikkerten in den Islam und in das Denken der Gebildeten dualistische Tendenzen aus den zoroastrischen und manichäischen Religionen Persiens ein. Die mit der Einheit und Einzigkeit Allahs ganz unvereinbare, scharfe Aufspaltung Gottes in die anfangslose Zweiheit einer guten und einer bösen Kraft – Ahura Masda und Ahriman – ja, die absolute Trennung von Schöpfer und Geschöpf riefen die Abwehr innerhalb des Islams hervor und die sehr aktive Mutasila auf den Plan. Das Böse gibt es für sie nur im menschlichen Bereich als Folge des freien Willens.
>
> Gegen die brutalen dualistischen Aufspaltungslehren setzten die – fälschlich als bloße Rationalisten und Freidenker verschrieenen – Mutasiliten den Glauben an die Einheit Gottes und an die Wesenseinheit der göttlichen und der menschlichen Vernunft.
>
> Dank dieser Einheit besitzt der Mensch Willensfreiheit und damit sittliche Verantwortung. Dank ihrer auch die Einsicht in die Weltwirklichkeit, die Erkenntnis der Natur. Gott darf für die Mutasiliten nicht menschlich vorgestellt werden. Es sei denn in allegorischer Weise durch die

Einfachen, Unwissenden. Seine Wahrheit liegt außerhalb menschlicher Vorstellbarkeit. Allah ist für sie unkörperlich, allgegenwärtig und überall zugleich."

Al Ashariya entstand als Reaktion auf die Ideen der Mutazala, ihre manchmal übertriebene Überbewertung des menschlichen Intellekts und der Logik in Religionsfragen sowie auf die harte Auseinandersetzung der Mutazala mit den frühen Formalisten. Al Ashariya schlug einen Weg des Ausgleichs ein, der den Intellekt und das menschliche freie Denken im Prinzip bejaht, aber das Philosophische, Spekulative in Fragen des Göttlichen ablehnt. Als Begründer gilt Abu Al Hassan Al Ashaary.

Mit der Zeit entwickelten sich im Islam neben der Fukaha (Gelehrte) die drei Richtungen oder Schulen der Mutakalimun (Redner), der Philosophen und der Sufis (Mystik). Trotzdem kann man beim Islam nicht von einem Gesamtdogma im theologischen Sinn sprechen, sondern eher von einzelnen theologischen und philosophischen Aspekten, die aufgrund der Berührung mit andern Religionen und Glaubensformen analog behandelt wurden.[17]

Universalität des Islam

Einige moderne Schriftsteller behaupten, bei Angehörigen des Islam gemeinsame Bestimmungsmerkmale geographischer oder ethnischer Natur oder in bezug auf die Sozialstruktur zu entdecken. Man liest in diesem Zusammenhang interessante Aussagen, in denen darauf verwiesen wird, daß der Islam hauptsächlich zwischen dem 10. Grad südlicher und dem 40. Grad nördlicher Breite anzutreffen ist. Daraus wird der Schluß gezogen, seine Verbreitung habe demnach, geographisch gesehen, diesseits einer Linie der alten Zivilisationen mit Ausnahme Indiens stattgefunden.[18]

Der namhafte Gelehrte Renan warf mit einem einzigen

Satz ein globales Urteil in die Diskussion, nämlich, der Islam sei „Ausdruck der monotheistischen Inspiration der Steppe“. Ähnlich führt auch das beliebte Bild des Islam als „Religion der Wüste“ – etwa in gewissen Zeitschriften sehr malerisch illustriert durch ein Kamel in der Wüste mit einem Araber daneben, der bei Sonnenuntergang betet – leicht zu falschen Assoziationen und Schlußfolgerungen.

Oder man findet die Behauptung, der Islam habe sich insbesondere im Rahmen der Stämme verbreitet, also in der Stammesgesellschaft, deren Charakteristika darin bestünden, sich gegen äußere Einflüsse zu verteidigen, eisern ihr altes soziales System zu bewahren und sich einzuigeln.

Man bediente sich in diesem Zusammenhang sogar falscher Interpretationen von Koranversen wie der Sure, in der es heißt: „*... und machten euch zu Völkern und Stämmen, damit ihr euch untereinander kennt*“ (Sure 49,13: „Die Gemächer“)

Auch hat man den Islam einfach als „semitische Religion“ bezeichnet.

Bei all dem hat man es mit Spekulationen zu tun, wie sie ja auch in anderen Bereichen ein Nebenprodukt dieses Zeitalters sind. Wenn man den Islam in seiner tatsächlichen Situation sieht, dann erkennt man, daß er von mehreren Völkern und Rassen angenommen worden ist, von Türken, Mongolen, Iranern, Indern, Arabern, Berbern, Afrikanern usw. und daß seine Verbreitung sich nicht auf Wüsten- oder Steppengebiete beschränkt, sondern fruchtbare Länder wie die Flußtäler von Nil, Euphrat und Indus einschließt und ebenfalls Dschungelgebiete, wie die von Java oder Bengalen. Auch das Stammesleben ist kein Merkmal des Islam. Islamische Gemeinden bildeten sich in den Dorfkulturen Südostasiens, und der Islam hat verschiedene Städte umgeformt oder entstehen lassen. Vor allem die totale Anpassung an die Menschen verschiedener sozialer Strukturen kennzeichnet den universalen Charakter des Islam.

Historiker und Religionswissenschaftler sehen gerade in der Tatsache, daß der Islam in Lehre und Praxis alle Menschen ohne Unterschied von Rasse, Hautfarbe, Sprache, Geschlecht, Volkszugehörigkeit oder sozialem Stand anspricht, nicht nur eine für die damalige Zeit revolutionäre Idee, sondern auch die Erklärung für seine schnelle Verbreitung unter den verschiedensten Völkern und für seinen Reiz und seine Vitalität, die bis in unsere Tage hineinreichen. „Der Islam kennt keine auf nationale, rassische oder Klassen-Unterschiede aufgebaute Gesellschaft, weil dies seinem universalen Charakter widerspricht", schreibt Hussein Amin. Wie Sir Mohammed Iqbal sagte, war „die Erhöhung der Niedergetretenen das Hauptgeheimnis der politischen Macht der Moslems in Indien".

Diese Universalität und die Gleichheit der Menschen betont der Koran an mehreren Stellen entsprechend dem in ihm niedergelegten Grundsatz „Alle Gläubigen sind Brüder":

„Ihr Menschen! Wir haben euch geschaffen von einem männlichen und einem weiblichen Wesen, und wir haben euch zu Völker und Stämmen gemacht, damit ihr euch untereinander kennt. Als der Vornehmste gilt bei Gott derjenige von euch, der am frömmsten ist. Gott weiß Bescheid und ist (über alles) wohl unterrichtet." (Sure 49, 13: „Die Gemächer")

„Und wir haben dich (mit der Offenbarung) gesandt, damit du den Menschen allesamt (?) (und nicht nur wenigen Auserwählten) ein Verkünder froher Botschaft und ein Warner seiest. Aber die meisten Menschen wissen nicht Bescheid." (Sure 34, 28: „Die Sabäer")

„Und zu seinen Zeichen gehört die Erschaffung von Himmel und Erde und die Verschiedenartigkeit eurer Sprachen und Farben (Arten)." (Sure 30, 22: „Die Byzantiner")

Der Prophet hat es mit den Worten bekräftigt: „Die Menschen sind so gleich wie die Zähne eines Kammes."

In seiner Abschiedsansprache sagte er: „Ihr Menschen, euer Gott ist einer, euer Vater ist einer, ihr stammt alle von Adam ab, und Adam stammt vom Staub. Der Würdigste von euch bei Gott ist der Frömmste. Kein Araber ist besser als ein Perser, kein Weißer ist besser als ein Schwarzer, kein Koraishi ist besser als ein Abessinier, außer wenn er frömmer ist.“[19]

Weiter sagte er: „Jeder Prophet wurde zu seinem Volk gesandt. Ich bin für die Weißen und die Schwarzen gesandt worden.“

Der schwarze Sklave Belal, der als erster zum Gebet rief, nahm und nimmt in der Entstehungsgeschichte des Islam einen hohen Platz ein und genießt großes Ansehen im Empfinden eines jeden Moslems. So wurde auch der Perser Salman vom Propheten mit den folgenden berühmten Worten geehrt: „Salman ist von des Propheten Haus (d. h. von seiner Familie).“

Für einen Moslem sind alle Menschen vor Gott gleich. Gott spricht sie alle an, und jeder kann Moslem sein. Er kann sich dabei von den andern nur unterscheiden durch seine Frömmigkeit und Gottesfurcht. Dieses Prinzip war und ist auch heute noch nicht ein von ferne angestrebtes hohes ethisches Ziel, sondern eine feste, klare und verpflichtende Aussage. Daraus, daß dieses Postulat im Verlauf der islamischen Geschichte voll respektiert und praktiziert wurde, erhellt sich der universelle Charakter des Islam.

Streng monotheistisch

Der Islam ist eine streng und kompromißlos monotheistische Religion. Gott ist für den Islam ein Absolutum, nicht durch Zeit oder Raum begrenzt und unvergleichlich: *„Sprich, er ist Gott der Einzige, der ewige Gott. Er hat weder gezeugt, noch ist er gezeugt worden, und keiner ist ihm* *ebenbürtig.*" (Sure 112, 1: „Der glaube ohne Vorbehalt")

Er hat alles geschaffen durch seinen Willen, durch das Wort „Kunn" (Sei): *„... Wenn er etwas will, sagt er dazu nur: sei!, dann ist es.*" (Sure 36, 82: „Jā Sīn")

Jedes Geschaffene hat einen Sinn, weil es durch seinen Willen entstanden ist.

Moderne islamische Denker wie der persische Professor Sayed Hussein Nasr meinen, daß der Islam aus zwei Komponenten bestehe: aus dem Glauben, der aus der Unterscheidung zwischen den absoluten Wahrheiten und den relativen Wahrheiten entsteht, und der Religion, dem Weg, der beides verbindet und die Zusammenhänge aufzeigt.[18] Anders gesagt: der Glaube an Gott folgt aus der Fähigkeit zur Unterscheidung zwischen den materiellen Realitäten des Lebens im weiten Sinn, also dem was relativ ist, und dem, was über den materiellen Werten an Absolutem, an Göttlichem existiert.

Gott ist jedoch nicht ein nebelhaftes, unverständliches Mysterium. Der Mensch besitzt einen Verstand, mit dem er die absolute Wahrheit Gottes erkennt und mit dem er in sich selbst wie in der Schöpfung ein Zeugnis dafür sehen kann.[19] *„Zeigen werden wir ihnen unsere Zeichen in der weiten Welt und an ihnen selber, bis ihnen deutlich wird, daß es die Wahrheit ist.*" (Sure 41, 53: „Erklärt")

Gleichzeitig aber ist der Mensch, weil er relativ und unvollkommen ist, nicht immer in der Lage, diese absolute Wahrheit in ihrem vollen Umfang zu erfassen.

Von dieser Warte aus erhält das von jedem Moslem am meisten benutzte Wort „Allahu akbar" eine tiefe mystische Bedeutung. Dieses Wort, bekannt als der islamische Ruf zum Gebet, wird in den meisten Fällen mit „Gott ist groß" oder „Gott ist der Größte" falsch übersetzt. Die richtige Übersetzung lautet „Gott ist größer" und bedeutet für den Moslem, daß Gott größer ist als alles, was erschaffen wurde, größer als alles, was man sich vorstellen und denken kann, also eben gerade das Absolute.

Der gläubige Moslem kann den Gedanken nicht akzeptieren, die absolute Wahrheit könne mehr als nur eine sein.

Keine Verkörperung Gottes

Im Gegensatz zum Christentum, wo die Verkörperung Gottes im Messias Jesus Christus erscheint, während im Buddhismus das Bild Buddhas eine Verkörperung der Nichtigkeit darstellt und im Hinduismus die Gestalten der Vielfältigkeit als Manifestationen Gottes aufgefaßt werden, legt der Islam keinen Wert auf die Frage der Verkörperung Gottes in einem materiellen oder menschlichen Bild. Er lehnt auch kategorisch das Argument ab, daß eine solche Verkörperung den Menschen die Gottesvorstellung näherbringen und verständlicher machen könnte. Sein Grundgedanke ist, daß er das einzige Absolute, „Gott", akzeptiert und wahrnimmt, nicht aber die Verkörperung des Absoluten.

Aufgrund dessen kann ein Moslem nicht das Mysterium der Dreieinigkeit oder der Gottessohnschaft oder das Mysterium der Inkarnation im Christentum verstehen oder für seine Religion anerkennen, weil diese für ihn das Prinzip der Einzigkeit in Frage stellen, wenn er auch das Christentum in seiner Gesamtheit als monotheistische Religion anerkennt. Das erklärt auch, warum Moslems es ablehnen, als „Mohammedaner" bezeichnet zu werden. Da der Prophet Mohammed für sie keine Verkörperung Gottes ist, will man damit ein Mißverständnis vermeiden, das demjenigen anderer Religionen, die noch die menschliche Verkörperung des Göttlichen kennen, analog wäre.

Aus diesen Vorstellungen erklärt sich ebenfalls die starke Abneigung gegen die bildliche Darstellung menschlicher Wesen in Malerei und Skulptur in der frühen Zeit des Islam und der Übergang zu geometrischen Formen in der darstellenden Kunst und Architektur (Arabesken). Sie erklären gleichermaßen die Abneigung der moslemischen Religionsgemeinschaft gegen jede bildliche Darstellung Gottes oder des Propheten. Dies alles birgt für einen Moslem die Gefahr, etwas für ihn Menschliches näher an das unnahbare und unvergleichliche Absolute zu bringen, also eine Art Verkörperung Gottes zu versuchen.

Hier sei zu vermerken, daß es grundfalsch ist, die Motivierung für den streng monotheistischen Charakter des Islam auf dem Weg einer historischen Begründung suchen zu wollen, wie manche europäische Quellen es tun. Diese Prinzipien dürfen nicht als eine Reaktion auf die Götzenanbetung und Vielgötterei in der vorislamischen Gesellschaft der Arabischen Halbinsel verstanden werden.

Die Gründe sind auch nicht zu suchen in der „Leidenschaft, (dem) Streben zur Einheit der Menschen Ägyptens, Syriens und des angrenzenden Arabiens", wie Franz Altheim und Ruth Stiel behaupten.

Ebensowenig liegen sie in neuplatonischen Vorstellungen, in den Lehren Plotins, im christlichen Monophysitismus, in den Lehren der Jakobiten und Nestorianer oder in bestimmten Aspekten des Manichäismus in Persien. Wir haben es hier vielmehr mit einem grundlegenden Prinzip des Islam zu tun, der als ein streng monotheistischer Glaube keine Vielfältigkeit oder Verkörperung Gottes kennt.

Der natürliche Urglaube

Nach der Lehre des Islam entspricht der Glaube oder die Religion der Urnatur des Menschen. Gott gab dem Urvater Adam diesen Urglauben, der damit zu einem natürlichen Bestandteil jedes menschlichen Wesens wurde. Daher ist der Glaube eine Rückkehr, eine Rückbesinnung auf die

Urnatur des Menschen und keine neu entdeckte oder erfundene Idee.

„Richte nun dein Antlitz auf die (einzig wahre) Religion! (Verhalte dich so) als Hanīf! (Das (d. h. ein solches religiöses Verhalten) ist) die natürliche Art, in der Gott die Menschen erschaffen hat. Die Art und Weise, in der Gott (die Menschen) geschaffen hat, kann (oder: darf?) man nicht abändern (w. (gegen etwas anderes) austauschen). Das ist die richtige Religion. Aber die meisten Menschen wissen nicht Bescheid." (Sure 30, 30: „Die Byzantiner")

Der Prophet sagte: „Jeder wird mit dem natürlichen Glauben geboren."

Das Wort „Islam", das im Arabischen Unterwerfung, Hingabe, Ergebenheit bedeutet, und die Bezeichnung „Moslem", der sich unterwirft, beziehen sich nicht, wie im allgemeinen angenommen wird, nur auf die, die an die Botschaft Mohammeds glauben, sondern Moslem ist eine Bezeichnung für jeden, der an einen einzigen Gott glaubt und der sich der Wahrheit seines absoluten Seins unterwirft. So wird das Wort „Moslem" häufig im Koran im Sinne von gottergeben, gottgläubig benutzt. Dies meint der Koran mit der Aussage: *„Als einzig wahre Religion gilt bei Gott der Islam (im Sinne von Ergebenheit)."* (Sure 3,19: „Die Sippe Imrāns")

Es erklärt auch die Tatsache, daß der Koran die Propheten Noah, Abraham, Jakob, Moses, Joseph und Jesus als Moslems bezeichnet.

Noah: *„... und befohlen ward mir, ein Moslem zu sein."*
(Sure 10, 71: „Jonas")

Abraham: *„... als sein Herr zu ihm sprach: werde Moslem ..."* (Sure 2, 131: „Die Kuh")

Jakob: *„Und Jakob sprach: O meine Kinder, siehe, Gott hat euch den Glauben erwählt, so sterbet nicht, ohne Moslems geworden zu sein."* (Sure 2, 132: „Die Kuh")

Moses: „*Und es sprach Moses: O mein Volk, so ihr an Gott glaubt, so vertraut auf ihn, so ihr Moslems (im Sinne von ergeben) seid.*" (Sure 10, 84: „Jonas")

Joseph: „*Laß mich (dereinst) als Moslem sterben . . .*"
(Sure 12, 101: „Joseph")

Jesus: „*Die Jünger sagten: Wir sind die Helfer Gottes, wir glauben an ihn. Bezeuge, daß wir (Ihm ergebene) Moslems sind.*" (Sure 3, 52: „Die Sippe Imrāns")

In all diesen Zitaten ist nicht der heutige Begriff Islam gemeint, der sich auf diejenigen bezieht, die an den Propheten Mohammed glauben; Moslem bedeutet wörtlich: „der sich Gott ergibt und unterwirft".

Moderne deutsche Übersetzungen des Koran geben manchmal das arabische Wort „Moslem" ungenau wieder, und zwar einmal sinngemäß und einmal als Bezeichnung der heutigen islamischen Gläubigen, wodurch Verwirrungen und Unklarheiten entstehen, obwohl Goethe es in seinem West-östlichen Divan[22] erfaßt hat. „Närrisch, daß jeder in seinem Falle seine besondere Meinung preist! Wenn Islam Gott ergeben heißt. Im Islam leben und sterben wir alle."

Aufgrund der Idee des natürlichen Urglaubens akzeptiert der Islam logischerweise alle Propheten und betrachtet ihre Botschaft als ein und dieselbe. Alle kommen mit demselben Glauben zu den Menschen und mit der Grundaufforderung, an einen einzigen Gott zu glauben. Es ist für den Islam nicht vorstellbar, daß der einzige Gott den Menschen Propheten mit grundverschiedenen Botschaften sendet.

„*Und haben vor dir keinen Gesandten auftreten lassen, dem wir nicht (die Weisung) eingegeben hätten: es gibt keinen Gott außer mir, dienet mir.*" (Sure 21, 25: „Die Propheten")

„*Er hat euch als Religion verordnet, was er dem Noah empfohlen hat und was wir dir eingegeben und was wir dem Abraham, Moses und Jesus anbefohlen haben. Haltet die Religion und teilt euch darin nicht.*" (Sure 42, 13: „Die Beratung")

„Alle glauben an Gott, seine Engel, seine Schriften und seine Gesandten, wobei wir bei keinem von seinen Gesandten einen Unterschied machen." (Sure 2,285: „Die Kuh")

„Diejenigen, die an Gott und seine Gesandten nicht glauben und zwischen Gott und seinen Gesandten einen Unterschied machen möchten und sagen: ‚Wir glauben an einen Teil, und an den anderen nicht', und sich in der Mitte zwischen Glauben und Unglauben halten möchten (w. sich einen Weg dazwischen nehmen möchten), das sind die wahren Ungläubigen." (Sure 4,150/151: „Die Frauen")

Hieraus geht hervor, daß die so gesehene Einheit der Religionen und der Prophetenbotschaft sich aus dem Grundsatz des Glaubens an einen einzigen Gott herleitet, ungeachtet der Details und der eventuellen Verschiedenheiten des „Weges", der Ausübung also oder der verschiedenen Riten, die an sich nicht denselben Wichtigkeitsgrad besitzen, solange diese nicht das Grundprinzip beeinträchtigen.

Wie der Koran sagt: *„Für jeden von euch haben wir einen Weg bestimmt, und wenn Gott gewollt hätte, hätte er euch zu einer einzigen Gemeinschaft gemacht, aber er wollte euch auf die Probe stellen. Wetteifert nun nach den guten Dingen, zu Gott werdet ihr allesamt zurückkehren, und dann wird er euch Kunde geben über das, worüber ihr uneins wart."* (Sure 5,48: „Der Tisch")

A. H. Abdul Kader formulierte es in seiner Abhandlung „Der universale Aspekt im Islam" wie folgt: „Die Religion ist bei Gott immer dieselbe, seit Adam und Eva erschaffen wurden, und dieselbe Botschaft kam immer wieder zu den Menschen, an einen einzigen Gott zu glauben."[23] Eine Abweichung davon ist auf Vergeßlichkeit, Unkenntnis oder Fälschung zurückzuführen.

Weitgehende Interpretationen

Die Lehre von der natürlichen Urreligion, die in der Natur jedes Menschen zu finden ist, führte einige Sufis zu einer sehr weiten Interpretation; die Urreligion sei in allen Religionen zu sehen und zwar in der Tatsache der Gottesanbetung selbst.

„Gott, sind die Gesänge der Brahmanen nicht deine Worte?
Haben sie nicht die Höhlen aufgesucht, nur um dich zu erkennen?
Kam nicht Buddha von der Lotosblüte, um dich anzubeten,
und verließ er nicht die Welt deinetwegen?
Hat nicht Konfuzius deine Befehle niederschreiben lassen?
Zarathustra wollte nur dich anbeten. Enthält nicht sein Buch dein Lob?"

schrieb Dr. Abdulwahab Azzam in seinem Buch „Alawabid".[24]

Mehrere Jahrhunderte vor ihm schrieb der Mystiker Ibn Al Arabi folgendes:

„Mein Herz akzeptiert jedes Bild
Es ist
ein Weideplatz für Rehe
ein Kloster für Mönche
ein Tempel für Götzen
eine Kaaba für Pilger
die Tafeln der Thora
eine Koranschrift
meine Religion ist die Liebe
Religion und wohin deren Weg geht
dies ist mein Glaube."

Einige Mystiker gingen sogar einen anderen noch extremeren Weg. Es ist erstaunlich, wie groß die Zahl derjenigen zeitgenössischen moslemischen Schriftsteller ist, die versuchen, in der Geschichte eine Bestätigung für das Vorhandensein dieses Urglaubens zu finden.

Ein Beispiel dafür ist M. A. Al Menoufy in seinem Buch „Islam", wo er in altägyptisch-pharaonischen Aussagen das Prinzip der Einheit Gottes und der Rückkehr zum Urglauben sieht.[25] Etwa in der Sonnenhymne von Amarna (Echnaton):
„Du einziger Gott, außer dem es keinen andern gibt".
Oder im Ägyptischen Totenbuch und in Grabschriften:
„Atum, der sich selbst schuf, Urgott der Urgötter".
„Ich bin das Heute, ich bin das Gestern, ich bin das Morgen...
Ich bin das Geheimnisumwobene in göttlicher Seele, die einstmals in frühester Zeit die Göttergeschlechter erschuf.
Ich bin Tum, welcher den Himmel erschaffen und die Erdenwesen ins Leben gerufen.
Seht nur, ich schreite vorwärts, erzeuge die Wesen,
bringe die Götter, meine Kinder, zur Welt
und erzeuge, empfange, gebäre mich selbst."

Trotz dieser immer wiederkehrenden Interpretationsansätze legt die Islamwissenschaft im Grunde genommen keinen großen Wert auf diese Versuche, die das Vorhandensein des Urglaubens in bestimmten frühgeschichtlichen Epochen bei allen großen Religionen als gegeben ansehen.

Die islamische Betrachtungsweise, daß die drei monotheistischen Religionen derselben Urreligion entstammen, veranlaßte einige spätere moderne Moslems, dialektische Erklärungen dazu abzugeben, von denen wir als Beispiel die Meinung von Dr. Hussein Nasr, früher Professor an der Universität Teheran, anführen. Dr. Nasr sieht die drei Religionen Islam, Christentum und Judentum als Repräsentanten des einen gerechten und richtigen Urglaubens an. Der Unterschied zwischen den dreien besteht bei ihm nur darin, daß jede von ihnen die Betonung eines bestimmten Aspekts dieser Urreligion darstellt. Er meint, das Judentum widme mehr Aufmerksamkeit dem gesetzlichen Teil, also dem äußerlichen, formalen und weltlichen, während das Christentum mehr Betonung auf den inneren Aspekt, den geistigen und spirituellen Aspekt des Glaubens lege und der Islam einen mittleren Weg finde, wo er beide miteinander vereinbare. Nasr argumentiert: wenn der jüdische Glaube betone, Gott zu fürchten, dann betone das Christentum, Gott zu lieben, und der Islam betone, Gott zu verstehen. Die Wahrheit aber sei, daß der Glaube in seinem vollen Umfang und in seiner Gesamtheit aus allen drei Aspekten bestehe, nämlich, Gott zu fürchten, zu lieben und zu verstehen.

Diese letzte Aussage akzeptieren wir Moslems und sehen in ihr eine Basis zur Gemeinsamkeit und vielleicht auch eine Annäherungsmöglichkeit für die drei Religionen, mit der Variante, daß das tiefe Verständnis dieser Aspekte ohne Zweifel jeweils die beiden andern Komponenten beinhaltet entsprechend der Sufiregel: „Die Wege zu Gott sind so zahlreich wie die Seelen seiner Geschöpfe“.

Das bedeutet aber nicht, daß man den Versuch mancher Humanisten bejaht, aus allen Religionen eine neue Gesamtreligion unter dem Begriff Humanismus zu schaffen.

Der Mensch und seine Verantwortung

Eines der Hauptmerkmale des Islam ist das Fehlen des Begriffs der Ur- oder Erbsünde. Die Geschichte von Adam und Eva und deren Vertreibung aus dem Paradies wird im Koran erwähnt, allerdings mit dem Hinweis, daß ihre Sünden vergeben wurden. (Sure 2, 37: „Die Kuh“)

Für den Islam hat der Mensch keine Ursünde begangen, für die er büßen muß und einen Vermittler braucht, um ihn zu erlösen. Vielmehr sieht die islamische Betrachtung des Menschen diesen vorrangig als Ebenbild Gottes. Er hat also in sich etwas Göttliches, ist beteiligt an göttlichen Eigenschaften; Gott hat ihm den Verstand und den relativ freien Willen geschenkt, diese beiden wichtigen Eigenschaften, die ihn zum Menschen machen. Daher ist der Mensch im Islam weder ein von Natur aus schlechtes Wesen noch schlecht wegen einer bestimmten Tat. Sein Verstand ist kein negatives oder teuflisches Instrument. Der Mensch ist ein Wesen, das, wenn es seine Möglichkeiten erkennt und Verstand und Willen, die ihm geschenkt wurden, richtig und voll einsetzt, in natürlicher Weise zur Wahrheit gelangen und in Harmonie und Einklang mit dem absoluten Willen des Herrgotts und der materiellen Welt leben kann.

Die Größe des Menschen besteht nicht allein in seiner Möglichkeit zu denken, sondern auch in dem Besitz eines freien Willens, der sich dem absoluten Willen Gottes beugen oder nicht beugen kann, auch wenn das in einer relativen Weise geschieht. Darin besteht nicht nur seine Größe, sondern ebenso seine gefahrvolle Schwäche, indem er sich Gott gleichwertig sieht und sich der höheren Kraft widersetzt und diese sogar völlig verleugnet.

Der Mensch ist gleichzeitig relativ, unvollkommen, vergeßlich und unaufmerksam. Daher lebt er nicht immer nach seinen von Gott gegebenen Möglichkeiten, nutzt sie nicht voll aus, und sündigt dadurch.

Die Religion aber spricht den Menschen an und erinnert ihn an die ihm geschenkten göttlichen Eigenschaften. Hier taucht ein Thema auf, das fast alle Religionen beschäftigt und seiner Natur zufolge immer noch nicht gelöst wurde, nämlich das der Grenzen des freien Willens und der göttlichen Vorherbestimmung. Die Natur der Sache macht eine klare Aussage darüber schwierig, weil wir es hier mit der Problematik der logischen Paradoxe zu tun haben.

Im Islam ist diese Frage wie in anderen Religionen nicht vollkommen zugunsten einer spezifischen Aussage entschieden worden. Vorwiegend wird die Ansicht vertreten, nur Gott besitze die absolute Freiheit und den absoluten Willen, wogegen der Mensch in bezug auf sein Tun nur eine relative Freiheit und einen relativen Willen habe. Das heißt, daß seine Gedanken, sein Wille und die damit verbundenen Ergebnisse beeinflußbar und abhängig sind von unzähligen äußeren Elementen, von Ereignissen und Einflüssen, die er nicht kontrollieren oder auch nur erfassen kann. Der Mensch hat in begrenzter Weise Anteil an der absoluten göttlichen Freiheit und am absoluten göttlichen Willen und er trägt dabei für seinen Teil die Verantwortung. Oder es vollzieht sich, wie A. Bahgat meint, eine Mischung von göttlicher Vorherbestimmung und menschlichem freien Willen auf zwei verschiedenen Ebenen.[26]

Die menschliche Verantwortung wird im Koran in folgendem Vers beschrieben:
„*Wir boten dem Himmel und der Erde und den Bergen die eigene Verantwortung, doch diese weigerten sich, sie zu tragen, und schreckten davor zurück. Der Mensch lud sie jedoch auf sich, denn er ist ungerecht und unwissend.*“ (Sure 33, 72: „Die Gruppen“)

Der gläubige Moslem nimmt diese Verantwortung auf sich und handelt danach, vergißt aber dabei nicht, daß der absolute freie Wille und die absolute Handlungsfreiheit nur Gott zukommen.
„*Und wir waren gegen die Kinder Adams huldreich und haben bewirkt, daß sie auf dem Festland und auf dem Meer getragen werden, (haben) ihnen (allerlei) gute Dinge beschert und sie vor vielen von denen, die wir (sonst noch) erschaffen haben, sichtlich ausgezeichnet.*“ (Sure 17, 70: „Die nächtliche Reise“)
„*Und (damals) als dein Herr zu den Engeln sagte: ‚Ich werde auf der Erde einen Nachfolger einsetzen‘! Sie sagten: ‚Willst du auf ihr jemand (vom Geschlecht der Menschen) einsetzen, der auf ihr Unheil anrichtet und Blut vergießt, wo wir (Engel) dir lobsingen und deine Heiligkeit preisen?‘ Er sagte: ‚Ich*

weiß (vieles), was ihr nicht wißt.'" (Sure 2,30: „Die Kuh")
„Und (damals) als dein Herr zu den Engeln sagte: ,Ich werde einen Menschen aus feuchter Tonmasse (?) schaffen. Wenn ich ihn dann geformt und ihm Geist von mir eingeblasen habe, dann fallt (voller Ehrfurcht) vor ihm nieder!'" (Sure 15,28/29: „Hidschr)
„Wir haben doch (seinerzeit) den Menschen in bester Form geschaffen." (Sure 95,4: „Die Feigenbäume")

Der Prophet sagte: „Gott hat Adam nach seinem Ebenbild geschaffen."

Aus all diesen Zitaten ersieht man die privilegierte Stellung des Menschen bei Gott, der ihn vor allen seinen Geschöpfen bevorzugt, ihm einen Hauch von seinem Geist gab und ihn damit mit Verstand, eigenem Willen und eigener Verantwortung ausstattete.

Was die „Seele" betrifft, gibt der Islam eine direkte und entscheidende Aussage: „Sag, die Seele ist von meinem Herrn." Sie ist also Sache Gottes und damit wird jede unnötige spekulative Diskussion unterbunden.

Die materielle Welt

Viele glauben, im Islam liege der Schwerpunkt auf dem Materiell-Weltlichen. Der Grund dafür ist darin zu suchen, daß man sich nicht ernsthaft die Mühe gemacht hat, den spirituellen Aspekt des Islam zu verstehen.

Der Moslem sieht nicht, wie andere es tun, die materielle Welt als Objekt der Begierde, woraus das Leiden entsteht, das man überwinden muß, um zum „Nirwana" zu gelangen. Er schließt nicht die Augen und kommt zu dem Schluß, daß die Welt fiktiv und nicht vorhanden sei. Ebenfalls betrachtet er sie nicht als ein absolutes Übel, das es zu bekämpfen gilt, nicht als Weg des Leidens oder als Strafe.

Im Islam wird die materielle Welt als eine Realität gesehen, die man wahrnehmen muß und die in das göttliche Konzept einbezogen ist. Wie der indische Moslemdenker M. Al Hassany es formuliert: „Der Islam betrachtet die Welt nicht als Ketten und Fesseln, die man schnell ablegen muß, oder als einen goldenen Käfig, der den Flug in die weiten Ebenen der Seele verhindert.“[27]

Der Islam sieht den Menschen, wie er tatsächlich ist. Er akzeptiert ihn in seiner Gesamtheit mit seinen Mängeln und Nöten und strebt Harmonie und Ausgleich zwischen beiden Seiten, der spirituellen und der materiellen, an. Er erkennt seine materiellen Notwendigkeiten an und verlangt nicht, alle Menschen sollten Asketen oder Heilige sein. Er versucht nicht, beim Menschen das Göttliche vom Menschlichen ganz zu trennen, sondern sieht beides als natürliche Bestandteile, die in der menschlichen Existenz ergänzend miteinander harmonieren, was dem Menschlichen einen Aspekt des Göttlichen verleiht.

Sir Mohammed Iqbal sagt: „Der Islam spaltet nicht die Einheit des Menschen in eine unversöhnliche Zweiheit von Geist und Materie ... Der Mensch ist nicht der Bürger einer profanen Welt, die man im Interesse einer irgendwo anders gelegenen Welt des Geistes aufgeben müßte. Für den Islam ist die Materie Geist, der sich in Raum und Zeit verwirklicht.“[28]

Oder A. Madany: „Der Islam, wenn er das menschliche Leben behandelt und organisiert, vernachlässigt nicht den geistigen Teil. Er betont an erster Stelle die Beziehung des Menschen zu seinem Schöpfer.“[29]

Im Koran und in den Hadith (Überlieferungen des Propheten) finden sich mehrere Aussagen, in denen die Wahrnehmung und Bejahung der Welt angesprochen wird und wo ein harmonischer Ausgleich zwischen Diesseits und Jenseits aufgezeigt wird, so beispielsweise:
„Sag, wer hat die Geschenke Gottes verboten, die er für seine Diener hervorgebracht hat, und die guten Dinge, die beschert

sind. Sag, sie stehen im diesseitigen Leben denen zu, die glauben, gegönnt am Tag der Auferstehung." (Sure 7,32: „Die Höhen")
„Er ist es, der euch die Erde untertan gemacht hat. Geht auf ihrem Rücken umher und eßt von dem, was er euch beschert hat." (Sure 67,15: „Die Herrschaft")

„Schaffe für das Diesseits, als ob du ewig lebtest, und für das Jenseits, als ob du morgen stürbest", sagte der Prophet.

Gott betrachtet die materielle Welt als einen Segen von ihm für die Menschen während ihrer Lebenszeit, den sie genießen können auf ihrem Weg zum Jenseits. Aber das Genießen im Leben ist nicht unbegrenzt. Das Genießen des Lebens beinhaltet nur einen Ausgleich im hiesigen Dasein, der aber mit dem Glauben in Einklang zu bringen ist. Die Welt oder das Diesseits ist ein Weg, der durch Gottes Gnade erleichtert wurde, um das Hauptziel im Jenseits zu erreichen. Die höchste und letzte Stufe ist das Jenseits mit dem Endziel, zu Gott zu gelangen.
„Trachte mit dem, was Gott dir gegeben hat, nach dem Jenseits, aber vergiß nicht deinen Anteil am Diesseits und tu Gutes, so wie Gott dir Gutes getan hat, und sinne nicht im Land auf Unheil. Gott liebt die nicht, die Unheil anrichten." (Sure 28,77: „Die Geschichte")

Der Prophet sagte: „Gott, laß die Welt nicht unsere Hauptbeschäftigung sein ..." und:

„Wer nur seine Welt liebt, schadet seinem Ende, und wer nur das Jenseits liebt, schadet seinem Diesseits. Bevorzuge, was ewig ist, vor dem, was nicht bleibend ist."

Der Islam sieht im Weltlichen nicht ein Ziel in sich, sondern einen Weg, den man realistisch wahrnimmt, dem man keine volle Absage erteilt, den man vielmehr benutzt im Einklang mit dem Ziel des Glaubens. Daher verbietet der Islam die Maßlosigkeit:
„... und eßt und trinkt, und seid nicht verschwenderisch.

Gott liebt diejenigen nicht, die nicht maßhalten." (Sure 7, 31: „Die Höhen")

Der Islam warnt vor der Abhängigkeit vom Weltlichen und mahnt zum Kampf gegen die Gefahren, die durch die Ablenkungen der Welt entstehen und die Verfolgung des Endzieles beeinträchtigen könnten. Dies meinte der Prophet mit seinem Ausspruch anläßlich der Rückkehr nach der Beendigung eines Krieges:

„Wir kehren zurück von dem kleinen Kampf zum großen Kampf (gegen uns selbst, gegen die Welt)",
oder wenn er sagte: „Ich und die Welt, wir sind wie ein Reiter, der ein Weilchen im Schatten eines Baumes rastet, um dann weiter zu ziehen."

Daß der Moslem das Weltliche nicht vollkommen ablehnt, sondern als Etappe auf dem Weg zu Gott ansieht, den er im Einklang mit seinem Glauben maßvoll ausschreitend benutzt, kann die Tatsache erklären, daß der Moslem in allen seinen weltlichen Handlungen etwas Religiöses oder eine Art Gottesdienst sieht und sich danach richtet.

Es erklärt auch, daß der Moslem seine Religion nicht als vom Leben getrennt sehen kann. Sie besteht für ihn nicht aus einem Konglomerat theologischer Dogmen, sondern betrifft auch das tägliche Leben. Er beschäftigt sich damit und bezieht es in sein Tun und Handeln ein.

Aufgrund dessen kennt der Islam nicht das Mönchtum. Er lehnt es für sich ab nach der vom Propheten erklärten Grundregel „Kein Mönchtum im Islam" und nach der Sure:
„Alsdann ließen wir unsere Gesandten ihren Spuren folgen, und wir ließen Jesus, den Sohn der Maria, folgen und gaben ihm das Evangelium und legten in die Herzen derer, die ihm folgten, Güte und Barmherzigkeit. Das Mönchtum jedoch erfanden sie selber, wir schrieben ihnen das nicht vor..."
(Sure 57, 27: „Das Eisen")

Sakral und profan

Denselben Gedankengängen zufolge kennt der Islam keine Unterscheidung zwischen profan und sakral, weltlich und göttlich, Staat und Religion oder Dogma und Gesetz. Sie alle gehören zum selben Bereich, dem göttlichen Bereich, der den weltlichen als untrennbaren Bestandteil umschließt, ohne aber ein theokratisches System zu dulden. Daher finden wir im Islam im Vergleich mit dem Christentum nicht ein ähnliches Prinzip wie das, welches in folgenden Aussagen zur Geltung kommt: „Gebt dem Kaiser, was des Kaisers ist, und Gott, was Gottes ist", oder „Mein Reich ist nicht von dieser Welt".

Ebensowenig finden wir im Islam eine Trennung zwischen Staat und Kirche, wobei letztere im Islam nicht in der Weise vorhanden ist wie in anderen Religionen.

Keine Priesterschaft

Der Islam kennt keine Priester und kein Priesterwesen. Nach seiner Lehre gibt es keine Vermittler zwischen Gott und den Menschen, nicht einmal der Prophet selbst ist ein solcher.

Die Beziehung zwischen jedem Menschen und Gott ist eine direkte Beziehung. Um die Verbindung herzustellen, bedarf es weder eines anderen Menschen noch irgendeiner Instanz, und die Verantwortung ist eine unmittelbare:

„... und wir (Gott) sind ihm (dem Menschen) näher als die Halsschlagader." (Sure 50, 16: „Qāf")

„.... und wir haben dich (den Propheten) nicht zum Hüter über sie gemacht. Du bist auch nicht ihr Sachwalter." (Sure 6, 107: „Das Vieh")

„.... Alle Fürsprache kommt (nur) Gott zu." (Sure 39, 44: „Die Scharen")

Alle islamischen Religionslehrer und -wissenschaftler, die die verschiedenen Bezeichnungen wie Sheikh, Imam, Mulla usw. tragen, sind daher nicht als Priester zu betrachten. Für den Moslem sind sie einfache Menschen, die zwar Religionskunde studiert haben, die aber keinen heiligen oder sakralen Nimbus besitzen.

Derselbe Grundsatz gilt auch für die Gebetsstätte der Moslems, die Moschee. Sie hat an sich keinen heiligen oder sakralen Charakter, ist kein „Haus Gottes“ im engeren Sinn, sondern sie wird als eine Versammlungsstätte angesehen, die auch Ort des Gebets ist; die Moslems sind frei, ihre Gebete überall zu verrichten.

„Gott gehört der Osten und der Westen. Wohin ihr euch (beim Gebet) wenden möget, da habt ihr Gottes Antlitz vor euch. Er umfaßt (alles) und weiß Bescheid.“ (Sure 2, 115: „Die Kuh“)

Als Haus Gottes wird nur die Kaaba in Mekka bezeichnet, die Abraham zur Ehre Gottes erbaute und zu der die Moslems pilgern.

Religion der Mitte – gerecht und verzeihend

Der Koran bezeichnet die Moslems als „Volk der Mitte“ und verneint damit in seinem gesamten Konzept jede extreme Haltung. Er strebt die goldene Mitte an, wie sie der Natur der Dinge in ihrer Gesamtheit entspricht. Er strebt ein sehr hohes Ideal an, verliert aber gleichzeitig nicht die Realität aus den Augen.

Im Islam ist Gott der Gerechte, gleichzeitig der Barmherzige und Verzeihende. Er mahnt die Menschen, nicht zu sündigen, und droht mit seiner Strafe, aber ebenso öffnet er einen breiten Weg der Hoffnung für jeden Sünder, der bereut und auf Gottes Barmherzigkeit baut. Er läßt den Sünder nicht allein mit seiner Verzweiflung, sondern ermu-

tigt ihn immer wieder, den Versuch zu machen, zum richtigen Weg zurück zu finden:
„O meine Diener, die ihr euch gegen euch selbst vergangen habt, verzweifelt nicht an Gottes Barmherzigkeit. Siehe, Gott verzeiht den Sündern allzumal, siehe, er ist der Vergebende, der Barmherzige.“ (Sure 39, 53: „Die Scharen“)

Gott kennt die Schwächen seiner Geschöpfe, ihre Unvollkommenheit und die Möglichkeit, daß sie sündigen und ungehorsam werden. Er ist als die höchste Verkörperung der Liebe und Barmherzigkeit immer bereit zu verzeihen, gleichgültig, wie schwer die Sünden und Missetaten sind und wie lang und oft sie verübt wurden, solange der Mensch sie nur echt bereut, glaubt, Gutes tut und nach dem Glauben lebt.

Der Moslem braucht dafür keine Beichte abzulegen, keine Buße zu tun, er benötigt keinen Vermittler, der ihn von seinen Sünden erlöst. Der Weg ist ein direkter Weg zwischen ihm und Gott, der immer und zu jeder Zeit offen ist und den man durch die einfache Reue begehen kann:
„Wahrlich, ich bin verzeihend gegen den, der bereut und das Gute tut und sich recht leiten läßt.“ (Sure 20, 82: „Tā Ha“).
„Er ist's, welcher die Reue seiner Diener annimmt und Missetaten vergibt ...“ (Sure 42, 25: „Die Beratung“)

Wenn der Koran von Gott als dem Gerechten spricht, gibt es andererseits kaum Worte, die er zu seiner Bezeichnung stärker betont und häufiger wiederholt als die Worte „Rahman, Rahim, Ghafour, der Gnädige, der Barmherzige und immer Verzeihende“.

Wie die „Encyclopaedia Britannica“ mit Recht resümiert: „In Islam there is no point of no return“, im Islam gibt es für den Sünder keinen Punkt, von dem er nicht mehr umkehren kann.

Maßvolle Verantwortung

In den Geboten und Verboten wird der Mensch nicht von seiner Verantwortung gegenüber dem Schöpfer und den Mitmenschen befreit, gleichzeitig aber wird er nicht überfordert oder überbürdet gemäß der Regel:
„Gott verlangt von niemand mehr, als er (zu leisten) vermag. Jedem kommt (dereinst) zugute, was er (im Erdenleben an guten Taten) begangen hat, und (jedem kommt) auf sein Schuldkonto, was er sich (an bösen Taten) geleistet hat. Herr! Belange uns nicht, wenn wir vergeßlich waren oder uns versehen haben! Herr! Lad uns nicht eine drückende Verpflichtung auf, wie du sie denen aufgeladen hast, die vor uns lebten! Herr! Belaste uns nicht mit etwas, wozu wir keine Kraft haben! Verzeih uns, vergib uns und erbarm dich unser! Du bist unser Schutzherr. Hilf uns gegen das Volk der Ungläubigen!" (Sure 2, 286: „Die Kuh")
„Gott will euch nichts auferlegen, was (euch) bedrückt." (Sure 5, 6: „Der Tisch")

Wenn Gott zum Beispiel das Gebet und das Fasten befiehlt, so verbietet er, daß der Mensch sich selbst Schaden zufügt durch übertriebene Akte der Gottesanbetung, sei es durch Dauerfasten, Dauergebet, Buße durch Peinigung des Körpers. Er befreit auch Kinder, Reisende, Kranke, schwache Alte und Frauen während der Menstruation von der Fastenpflicht.

Es ging so weit, daß der Prophet dem „Imam", dem Vorbeter, verbot, beim Gebet überlange Verse des Korans vorzulesen aus Sorge, es könnten sich unter den Nachbetenden, die hinter ihm standen, alte Menschen befinden, die durch das lange Stehen überanstrengt würden. Das Prinzip des „Mittelweges" berücksichtigt somit in natürlicher und realistischer Weise auch die kleinsten Details.

Als Beispiel für diese Anwendung bis ins Kleinste sei die Einstellung hinsichtlich der Situation der Frau während der

Menstruation angeführt. Bei manchen galt dieser Zustand schlichtweg als unrein, und die Schlußfolgerung ging so weit, daß man mit einer Frau in diesem Zustand nicht zusammen essen oder sie berühren durfte, während von seiten anderer Religionen von solchen Fragen überhaupt keine Notiz genommen wurde. Der Islam hingegen geht den Mittelweg, betrachtet den Zustand als unrein aber natürlich und zieht die praktische Konsequenz, indem er sich auf das Verbot des Beischlafs beschränkt und die Frau vom Gebet und der Fastenpflicht befreit, die sie überanstrengen könnte.

Auge um Auge

Angesichts des Grundsatzes vom „Mittelweg" ist die Frage angebracht, wie der Islam sich zu zwei bekannten Prinzipien stellt, einmal dem der absoluten Gerechtigkeit, dem Konzept des „Auge um Auge, Zahn um Zahn", zum andern dem der absoluten Liebe und des Verzichts auf Vergeltung, demzufolge man, wenn man auf die eine Wange geschlagen wird, auch die andere hinhalten solle.

Den Grundsatz der Gerechtigkeit bejaht der Islam, um in der menschlichen Gesellschaft Stabilität und Ordnung zu errichten, während er gleichzeitig die Gläubigen ermutigt und sie anspornt, Geduld, Barmherzigkeit, Verzeihung und Verzicht auf Vergeltung zu üben, die von Gott belohnt werden.

„Der Lohn für böses Tun sei aber Böses in gleichem Maße, und wer vergibt und Frieden macht, dessen Lohn ist bei Gott. Siehe, er liebt nicht die Ungerechten." (Sure 42,40: „Die Beratung")

Gott befiehlt Gerechtigkeit:

„Gott gebietet, Gerechtigkeit zu üben, Gutes zu tun." (Sure 16,90: „Die Biene")

„Ihr Gläubigen, steht Gott gegenüber als Zeugen für Gerechtigkeit ein."

Gleichzeitig empfiehlt er Geduld und Verzeihung:
„... und die, die ihren Zorn zurückhalten und den Menschen verzeihen..."

Sheikh A. A. Al Bassam kommentiert einen Vergleich der monotheistischen Religionen etwa wie folgt: „Der Weg (das Gesetz) des Moses – Friede sei mit ihm – ist der Weg der Gerechtigkeit allein, der Weg – das Gesetz Jesu – Friede sei mit ihm – ist der Weg der Großzügigkeit und des Verzichts, der erstere endet bei der Bestimmung und der Verpflichtung des Rechtes, zu geben oder zu nehmen. Der zweite ist der Weg des Friedens mit der Aufforderung, freiwillig Verzicht zu üben und Übel zu vermeiden. Der Weg (das Gesetz) Mohammeds – Friede sei mit ihm – beinhaltet beides, gerecht aber auch großzügig zu sein. Er verpflichtet zur Gerechtigkeit, empfiehlt aber gleichzeitig Großzügigkeit und Verzicht."

Die Wissenschaft

Oft stellt sich heutzutage die Frage, ob der Islam und seine Gläubigen mit dem modernen technisch orientierten Leben und den gewaltigen Fortschritten in den Naturwissenschaften zurechtkommen. Bei der Beantwortung dieser Frage wird als Maßstab nicht die Lehre des Islam genommen, sondern die Situation der heutigen Moslems und Moslemstaaten, die infolge einer langen, dunklen Epoche des Niedergangs und der kolonialen Ausbeutung immer noch unter einem Zustand der Unterentwicklung leiden.

Tatsache ist, daß es keine Religion gibt, die von der Lehre her der Wissenschaft und Forschung so offen, ermutigend und wißbegierig gegenüberstand wie der Islam, eine Lehre, die dazu geführt hat, daß die islamischen Völker fast zehn

Jahrhunderte lang auf der Weltbühne der Wissenschaft dominierten und gleichsam die Grundlagen für die heutige naturwissenschaftliche und technische Revolution legten.

Durch die islamische Lehre werden die Gläubigen zur Bewunderung der Schöpfung, zum Überlegen und Forschen angehalten und ermutigt.

„... und wollen sie denn nicht schauen zu dem Reich des Himmels und der Erde und zu allen Dingen, die Gott erschaffen hat ...“ (Sure 7, 185: „Der Wall“)

„Er ist's, der euch erschaffen und euch Gehör, Sehkraft und Verstand gegeben hat, wenig ist's, was ihr danket.“ (Sure 67, 23: „Die Herrschaft“)

„Sag, zieht im Land umher und schaut, wie es die Schöpfung ein erstes Mal vollzogen hat.“ (Sure 29, 20: „Die Spinne“)

„Zeigen wir ihnen unsere Zeichen, im Universum und an ihnen selber, bis es ihnen deutlich wird, daß es die Wahrheit ist.“ (Sure 41, 53: „Erklärt“)

„und er ist es, der die Erde (wie einen Teppich) ausgebreitet und auf ihr feststehende (Berge) und Flüsse gemacht hat, und von allen Früchten hat er auf ihr ein Paar gemacht, und er läßt die Nacht über den Tag kommen. Darin liegen Zeichen für Leute, die nachdenken.“ (Sure 13, 3: „Der Donner“)

Der Islam weckte das Denken aus seiner Passivität und Lethargie und machte es dem Menschen möglich, unbegrenzt in jedem Wissensgebiet zu forschen, wie Sheikh M. Khadr Hussein hervorhebt.

Die wissenschaftliche Untersuchung von Naturereignissen und ihren Gesetzen war für den Islam keine Einmischung in göttliche Bereiche, sondern eine willkommene und ermutigende Aufgabe, die dazu führte, Gottes Schöpfung besser zu verstehen und seine Macht und die Zeugnisse seines Tuns immer mehr zu bewundern. Die praktischen Ergebnisse dieses Wissens betrachtete man als eine Gnade und ein Geschenk Gottes an die Menschen zu ihrem Nutzen und zur Erleichterung ihres Weges in diesem Leben.

Die direkte Aufforderung zum Lernen, Forschen und Untersuchen findet sich bereits in der ersten offenbarten Sure des Koran, die mit den Worten beginnt: „Lies im Namen deines Herrn", die von jedem Moslem als ein Befehl zum Lernen aufgefaßt wird.
„Und sag: Herr, laß mich an Wissen zunehmen." (Sure 20: „Taha")
Der Prophet stellte das Lernen und Forschen in die erste Reihe der Pflichten eines Moslems, wie Sheikh Abdel Halim Mahmoud unterstreicht.

Die Aussprüche des Propheten bieten eine überaus reiche Auswahl über den Nutzen und die Bedeutung von Wissen in der Lehre des Islam. So heißt es darin etwa:
„Gott segne mich keinen Tag, an dem ich nichts Neues lerne."
„Suche Wissen von der Wiege bis zum Grabe."
„Wer nach Wissen strebt, betet Gott an."
„Am jüngsten Tag wiegt die Tinte des Gelehrten mehr als das Blut der Märtyrer."
„Wer den Weg des Wissens geht, dem erleichtert Gott den Weg zum Paradies."
„Der Lohn des Lernens überwiegt den Lohn des Gebets."
„Suche das Wissen, auch wenn es in China ist."
„Der Menschen sind zwei, ein Gelehrter und ein Lernender, und der Segen trifft niemand außer diesen."
Ali Ibn Abi Taleb sagte: „Die Nichtwissenden werden nicht gefragt werden, warum sie nicht gelernt haben, bevor nicht die Gelehrten erst gefragt wurden, warum sie nicht lehrten."

Der Prophet wandte in der ersten Zeit des Islam eben dieses Lern-Prinzip in der Praxis an, indem er als Gegenleistung für die Freilassung jedes Kriegsgefangenen in Medina anstelle des üblichen Lösegeldes verlangte, zehn moslemischen Kindern das Lesen und Schreiben beizubringen. Gelehrte und Wissenschaftler nehmen im Islam einen sehr hohen Rang ein. Der Prophet spricht von ihnen als den

„Erben des Propheten". Der Koran bringt diese Anerkennung klar zum Ausdruck:

„Gott fürchten nur diejenigen von seinen Dienern, die Wissen haben (w. die Gelehrten von seinen Dienern)." (Sure 35, 28: „Der Schöpfer")

„Gott bezeugt, daß es keinen Gott gibt außer ihm. Desgleichen die Engel und diejenigen, die das (Offenbarungs)-Wissen besitzen." (Sure 3, 18: „Die Sippe Imrans")

„... damit Gott diejenigen von euch, die glauben und denen das Wissen gegeben worden ist, hoch aufsteigen läßt."

„Sag, sind die Wissenden den Nichtwissenden gleich?" (Sure 39, 9: „Die Scharen")

Die Einstellung des Islam zur Wissenschaft war von Anfang an geprägt von sehr positiven und liberalen Prinzipien, die in der Praxis ihren Niederschlag fanden. Der Islam schloß keine Quelle des Lernens aus, es gab keine engstirnige Ablehnung früher errungenen Wissens aus rassischen, nationalen oder religiösen Gründen. Man akzeptierte und profitierte, auch wenn das Wissen von Ungläubigen oder sogar Gegnern des Islam kam. Die Werke der griechischen Philosophie wurden übersetzt, die indische Mathematik übernommen. Aus allen Wissensbereichen wurde alles, was in Erfahrung zu bringen war, übersetzt, untersucht, theoretisch und experimentell auf seine Richtigkeit geprüft und weiterentwickelt. Kein wissenschaftliches Sachgebiet wurde aufgrund seiner Natur ausgeschlossen. Alles war ausnahmslos der Forschung zugänglich.

Kein Gebiet der Naturwissenschaft wurde für tabu erklärt oder zur exklusiven Domäne des Klerus eingeengt. Die Pest war keine Strafe Gottes, die man hinnehmen mußte, sondern eine Krankheit, die es nach Ursache, Wirkung und Heilmethode in voller Freiheit zu untersuchen galt. Die Anatomie war nicht Leichenschändung, sondern galt als nützliche Untersuchung.

Staatliche Bibliotheken mit mehr als zwei Millionen

handgeschriebener Manuskripte und Privatbibliotheken von über fünfzigtausend Bänden waren vor mehr als neun Jahrhunderten in der islamischen Welt, so etwa im Fatimidischen Ägypten, keine Seltenheit, wie Sigrid Hunke feststellt.

Jeder Studierende der modernen Medizin, Chemie, Mathematik, Astronomie, Physik, Geographie, Musik usw. stößt zur Genüge auf arabische Begriffe und Definitionen wie auch auf arabische Wissenschaftler, die in den einzelnen Fachwissenschaften einen großen Namen besitzen.

Die Lehre des Islam bejaht und ermutigt freimütig das Wissen, Forschen und Lernen, weil sie in jedem neuerrungenen Wissen einen Beweis und ein Zeichen Gottes des Schöpfers, seiner Macht und seiner wunderbaren Tätigkeit sieht und auf diese Weise jeden Forscher und Gelehrten als Diener und Instrument Gottes betrachtet.

Die Arbeit

Nicht nur das Wissen wird im Islam empfohlen, sondern auch das menschliche Schaffen, die Arbeit. Die islamische Aussage, Gott habe die Arbeit über das Gebet gestellt, hat ihre volle Gültigkeit. Arbeit zum guten Zweck wird als Anbetung Gottes betrachtet. Bezeichnend hierfür mag der Bericht über den Propheten sein, der die groben, geschwollenen Hände eines einfachen Arbeiters gehalten und dazu gesagt habe: „Das sind Hände, die Gott liebt."

Die Behauptung, die Moslems seien von der Natur ihrer Religion her Fatalisten, die der Arbeit keinen großen Wert beimäßen und sogar faul seien, ist oberflächlich und falsch... Liest man beispielsweise in einer amerikanischen Enzyklopädie: „Der Glaube an Gottes Vorherbestimmung von Gut und Böse ist die Grundlage des fatalistischen Verhaltens der Moslems; wenn etwas geschieht, sagt der

Moslem: Es ist der Wille Gottes!"[30], so könnte man zu der sehr naiven und irreführenden Schlußfolgerung kommen, die Moslems säßen aufgrund ihrer Religionslehre mit den Händen im Schoß da und ließen in Passivität und Lethargie die Ereignisse an sich vorüberziehen.

Dies widerspräche der Tatsache der Eroberungszüge arabischer Moslems, die in kurzer Zeit die damals bekannte Welt von Spanien bis China unter ihre Herrschaft brachten. Ebensowenig hätte es keine solch kometenhafte Entwicklung der Wissenschaften gegeben. Die Leistungen, der Reichtum, die soziale und wirtschaftliche Blüte, wie sie mehrere Jahrhunderte hindurch im Islamischen Reich anzutreffen waren, sprechen in gleicher Weise dagegen. Nicht nur im Kern des Islamischen Reiches und in seinen Metropolen Bagdad, Damaskus und Kairo leisteten die moslemischen Handwerker, Künstler, Wissenschaftler, Techniker, Bauern und Beamte vorzügliche Arbeit, ebenso färbte diese Arbeitsmoral auch auf die eroberten Länder ab. Das verarmte kleine Spanien erlebte unter den Arabern seinen zivilisatorischen und wirtschaftlichen Höhepunkt. Zum Erstaunen der Zeitgenossen aus anderen Ländern gab es hier großen Reichtum, beleuchtete Straßen, kunstvolle Gebäude und Gärten, Schulen, Bibliotheken, öffentliche Bäder, Krankenhäuser, Bewässerung und Kanalisation, feines und solides Handwerk. Ähnliches erlebte auch Indien unter den moslemischen Moghulkaisern.

Arbeit wird den Menschen in der islamischen Lehre befohlen, nicht nur um der Verantwortung des Einzelnen gegenüber sich selbst, seiner Familie und der Gesellschaft gerecht zu werden, sondern sie ist gleichzeitig ein Akt der Anbetung und Dankbarkeit gegenüber Gott:

„Doch wenn das Gebet zu Ende ist, dann geht eurer Wege und strebt danach, daß Gott euch Gunst erweist." (Sure 62, 10: „Der Freitag")

„. . . . und ziehet im Lande umher (um euren Geschäften

nachzugehen)." (Sure 29, 19: „Die Spinne")
„*... und sagt: Seid tätig. Gott wird es dann sehen und seine Gesandten und die Gläubigen.*" (Sure 9, 105: „Die Reue")

Die Äußerungen des Propheten über den Wert der Arbeit sind zahlreich:
„Wenn jemand einen Strick nimmt, Brennholz sammelt, es auf seinen Rücken lädt und verkauft, um davon zu leben, so ist das besser, als wenn er die Leute um Hilfe bitten würde."
„Die obere Hand (die gebende) ist besser als die untere (die nehmende)."
„Wenn der Jüngste Tag kommt und jemand einen Setzling in der Hand hat, dann soll er ihn erst einpflanzen."
„Das äußerste, was ich für mein Volk befürchte, ist: ein großer Bauch, viel Schlaf und Faulheit."

Ein junger Mann ging sehr früh zur Arbeit. Einige der Moslems machten Bemerkungen über ihn, daß er besser so früh aufgestanden wäre, um zu Gott zu beten. Der Prophet erwiderte ihnen: „Daß er für seine Kinder oder seine alten Eltern oder für sich selbst arbeitet, um nicht jemanden anzubetteln, das ist der Weg Gottes."

Wegen eines Mannes, der den ganzen Tag fastete und betete, fragte der Prophet die Leute: „Wer sorgt denn dafür, daß er ißt und trinkt?" Als sie ihm antworteten: „Wir tun das", sagte er: „Ihr seid besser als er."

Kismet – das Schicksal

Daß der Moslem in allem den Willen Gottes sieht und ihn in vollem Vertrauen akzeptiert (arabisch „Tawakul"), bedeutet nicht, daß er, da Gott ja alles Geschehen vorherbestimmt, nun nichts mehr tut. Er handelt vielmehr nach dem islamischen Grundsatz: „Gott sagt: Meine Diener, tut, und ich tue mit."
Im Koran heißt es:

„Gott verändert nichts an einem Volk, solange sie (d. h. die Angehörigen dieses Volkes) nicht (ihrerseits) verändern, was sie an (?) sich haben.“ (Sure 13, 11: „Der Donner“)

Das erläutert darüber hinaus die bekannte Geschichte, die von einem Mann berichtet wird, der zum Gebet kam und den Propheten fragte, ob er sein Kamel vor der Moschee anbinden oder ob er es im Vertrauen auf Gott laufen lassen solle, da ja sein Schicksal in Gottes Hand liege. Der Prophet antwortete ihm mit den Worten: „Binde es an und vertraue auf Gott.“

Eine Illustration hierzu ist auch die Geschichte über den zweiten Kalifen Omar. Als er einigen Jemeniten, die er traf, die Frage stellte, was sie täten, erhielt er die Antwort: „Wir tun nichts und vertrauen auf Gott.“ Darauf sagte er: „Ihr lügt. Wer ein paar Samenkörner in die Erde sät und dann auf Gott baut, das ist der, der auf Gottes Willen vertraut.“

„Tawakul“ heißt im Islam vollkommenes Vertrauen und Anlehnung an den absoluten Willen Gottes, von dem alles Tun kommt. Es bedeutet nicht, wie fälschlich verstanden wird, sich passiv zu verhalten, bis das von Gott Vorherbestimmte geschieht. Es bedeutet die Verpflichtung des Moslems auch im religiösen Sinn, gemäß seiner Verantwortung so viel zu tun, wie seine Kraft und sein Wissen es erlauben. In diesem seinem Tun und in dessen Ergebnissen soll er aber den Willen Gottes und die damit verbundene Vorherbestimmung – das Kismet – sehen. So erkennt der Moslem in jeder seiner Handlungen einen göttlichen Sinn, wodurch dies über die weltlichen Werte hinausgehoben wird.

Er akzeptiert auch jedes Ergebnis, ob gut oder schlecht, als einen Teil des absoluten göttlichen Willens, ohne daß dies seine Handlungsfreiheit und seinen freien Willen beeinträchtigt.

Abdellatif Awad bemerkt zu diesen Fragen: „Da alle Taten und ihre Ergebnisse an den Willen Gottes gebunden sind, hat der Moslem das Gefühl, nicht einem Menschen, wie er es ist, oder der materiellen Welt, die ihn umgibt, untergeordnet oder davon abhängig zu sein, sondern nur Gott, was ihm Mut und Selbstsicherheit gibt.“

Die Lehre des Islam befiehlt jedem Menschen das Tun und Schaffen, also die Arbeit, die ein notwendiger und unabdingbarer Teil der göttlichen Ordnung ist. Gleichzeitig erinnert die Lehre daran, daß jede Arbeit und ihr Ergebnis im Rahmen des übergeordneten absoluten göttlichen Willens und der göttlichen Bestimmung geschieht, und daß sie so aufgefaßt und akzeptiert werden muß.

Der Koran

Das heilige Buch des Islam, der Koran, was sprachlich soviel wie „das Vortragen, Gelesene“ bedeutet, hat im Glauben eines jeden Moslems seine zentrale und feste Stellung. Er ist das direkte Wort Gottes und besteht aus 114 „Suren“ (Abschnitten) verschiedener Länge; jede Sure hat wiederum mehrere „Aaya“ (Verse). Der Koran wurde dem Propheten durch den Erzengel Gabriel vermittelt, der ihn die Suren lehrte. Die Offenbarung begann am 17. des Monats Ramadan (9. Monat des islamischen Jahres) mit der Sure:
„Lies (trage vor) im Namen Deines Herrn.“ (Sure 96: „Der Embryo“)

Nach zwei Jahren folgten erst die weiteren Suren und zwar kontinuierlich, eine nach der anderen, bis kurz vor dem Tode des Propheten. Im Gegensatz zu anderen Religionen wie dem Christentum, wo die Betonung mehr auf Jesus Christus liegt und wo der Messias gleichzeitig mit dem Wort Gottes, Logos, identifiziert wird, ist der Prophet im Islam nur der Verkünder und Vermittler des Wortes Gottes, welches ihm in seiner unabänderlichen und endgültigen Form im Koran offenbart wurde.

Für den Moslem ist der Koran nicht die dem Propheten oder seinen Nachfolgern in deren eigener Sprache vermittelte Botschaft Gottes, sondern er stellt eine direkte Aussage dar, die in dieser Form von Gott an den Propheten gegeben wurde, damit dieser sie den Menschen genau so, Wort für Wort, weiterverkünde. Der Koran, als Wort Gottes, stammt nicht nur inhaltlich direkt von Gott, sondern ist auch von seiner Form und seinem sprachlichen Aufbau her göttlichen Ursprungs. Inhalt wie Form also sind göttlich, lassen sich nicht mit menschlichen Gedanken oder Sprachformen messen, und wir haben es daher beim Koran in seiner Gesamtheit mit einem göttlichen Werk, mit einem Wunder, zu tun.

Die Interpretation des Koran als Wunder entspricht dennoch der islamischen Lehre, wenn diese auch kaum den Begriff des „Wunders“ im herkömmlichen Sinn für sich in Anspruch nimmt. Das „Wunder“ sieht der gläubige Moslem in der Tatsache, daß der Koran sowohl grammatikalisch wie auch stilistisch in vollendeter Form durch den Propheten abgefaßt wurde, obwohl dieser Analphabeth war. Einige moderne islamische Denker sehen in der Verkündung durch einen Analphabethen den Beweis des reinen Ursprungs, analog zum Christentum mit seiner „makellosen Empfängnis“ Marias. Mehrere Abhandlungen setzen sich mit der einzigartigen sprachlichen Ausdrucksweise, die in ihrem hohen Niveau keine Parallele aufzuweisen hat, detailliert auseinander. Es ist nicht der sprachliche Ausdruck allein, welcher die göttliche Natur des Koran erklärbar macht, sondern insbesondere das eigenartige „Sprachgebilde“, „sui generis“, in seiner Gesamtkonstruktion.[31]

Der Koran selbst spricht direkt von seiner Einmaligkeit und fordert in seinen Suren „Die Kuh“, „Houd“ und „Jonas“ die Ungläubigen auf, eine einzige solche Sure zu bilden. Dies war eine Herausforderung in der Frühgeschichte des Islam für eine Reihe von arabischen Literaten, deren Versuche jedoch fehlschlugen.

Wegen seiner göttlichen Natur soll der Koran nur im Zustand der Reinheit berührt werden.

Der Koran wurde in arabischer Sprache verkündet, wie darin auch betont wird: „ein arabischer Koran“. Dies nun führt zu der Frage, ob das Arabische als heilige Sprache des

Islam, analog zum Hebräischen in bezug auf das Judentum oder zum Sanskrit der Inder, zu betrachten sei; eine Frage, die von S. H. Nasr bejaht wird, insbesondere deshalb, weil im Islam die Gebete und die dazugehörigen Koranrezitierungen nur in der arabischen Sprache verrichtet werden dürfen.

Trotz dieser Argumente sind wir überzeugt, daß der Islam prinzipiell keine „heilige Sprache" kennt und auch keinen Wert auf einen ähnlichen Begriff, die arabische Sprache betreffend, legt; dennoch besteht bei Moslems eine Abneigung, den Koran in einer Übersetzung in eine andere Sprache anzuerkennen. Alle Übersetzungen, auch die mit viel Verständnis hergestellten, vermitteln nicht dieselbe Wirkung wie das Original in arabischer Sprache und können nicht dieselbe Bedeutung erlangen. So schreibt Annemarie Schimmel in ihrer Einleitung zu Max Hennigs Koranübersetzung: „Daß eine Übersetzung, die von Nichtmuslimen verfaßt, von Nichtmuslimen gelesen wird, dem Leser schwerlich einen Eindruck von der Macht gibt, die dieses Buch für rund 350 Millionen Gläubige hat, ist selbstverständlich."[32]

Übersetzungen sind daher Lösungsversuche, Worte sinngemäß und allgemein wiederzugeben, wobei die Gefahr von Mißverständnissen und Fehlinterpretationen hier ganz bestimmt gegeben ist. Hinzu kommt noch, daß nach Ansicht der meisten Moslems der Text des Koran tiefsinnig ist. Wie Zarkashy sagt: „Die Allgemeinheit versteht, was sie überzeugt, der Gnostiker (Kenner) versteht mehr als das." Oder ebenso, wie der Prophet sagt: „Für jeden Vers gibt es eine äußere und eine innere Bedeutung ..."[33] Der Moslem sieht in einer Übersetzung die Gefahr, nur die formale Seite der Botschaft zu sehen und zu begreifen, ohne die in ihr verborgenen Ebenen und Aspekte zu erfassen. Was dies für einen Moslem bedeutet, beschreibt M. Mustafa in seiner Abhandlung über den „Koran": „In seiner Sprache (Arabisch) ist es

‚der Koran', in einer anderen Sprache ist es etwas anderes, aber nicht ‚der Koran'."

Die Unabänderlichkeit und die Unübersetzbarkeit des Koran führten zu einer großen Stabilität in der arabischen Sprache, nämlich dem ‚Hocharabisch', das in allen arabischen Ländern verstanden wird. Auch der heutige Araber kann mühelos arabische Texte und Gedichte aus vorislamischer Zeit – 1400 Jahre zurück – lesen und verstehen, da die damalige Sprache mit der der heutigen Literatur identisch ist.

Geschichte und Naturwissenschaften im Koran

Neben religiösen Aussagen, Geboten und Verboten enthält der Koran auch geschichtliche Erzählungen und Beschreibungen von Naturereignissen.

Die Versuche moslemischer Modernisten in jüngerer Zeit, geschichtliche Berichte aus dem Koran belegen zu wollen und insbesondere für die darin erwähnten Naturereignisse in den Ergebnissen der Naturwissenschaften eine Bestätigung zu finden, müssen jedoch als ergebnislos angesehen werden, da somit eine Schrift göttlichen Ursprungs zum ‚Handbuch der Archäologie' oder zu einer wissenschaftlichen Enzyklopädie werden müßte und der eigentliche Sinn verloren gehen würde. Hier ist auch zu erwähnen, daß der Koran, wenn er, wie auch andere Religionsbücher, von geschichtlichen Ereignissen berichtet, damit jedesmal eine bestimmte Symbolik oder Lehrweisheit vermittelt. Beschreibungen von Naturgeschehnissen – auch im Zusammenhang mit den Wissenschaften – dienen dem Ziel, die Aufmerksamkeit auf die Wunder der Schöpfung Gottes zu lenken und den Gläubigen zum Nachdenken oder auch zum Forschen zu bewegen. Bemühungen, den Koran wissenschaftlich zu analysieren oder zu untermauern, sind in letzter Zeit des öfteren versucht worden. Diese sind aber ein ungeeignetes Mittel, dem Vorwurf, Religion stehe mit der modernen Wissenschaft und Technik nicht in Einklang, zu begegnen.

Sammlung des Koran

Der gesammelte und niedergeschriebene Koran heißt im Arabischen „Musshaf", was soviel wie ‚geschriebene Blätter' (auf Papier oder Leder) bedeutet.

Verglichen mit anderen ‚heiligen Büchern' wurde der Koran in einer sehr kurzen Zeit gesammelt und niedergeschrieben. Er stammt aus einer einzigen Quelle, geoffenbart in einer einzigen Sprache, in einem einzigen Gebiet. Man vergleiche die Texte der Bibel (Altes Testament: Tora, Nebijm, Chetubim) bzw. Lehrbücher, prophetische Bücher, Geschichtsbücher, Neues Testament usw., die oft eine sehr lange bisweilen Jahrhunderte umfassende Entstehungsgeschichte haben. Hinzu kommt, daß die einzelnen biblischen Texte an sehr verschiedenen Orten, ja innerhalb verschiedener Kulturen und Epochen mit unterschiedlichem Zeitgeist entstanden sind. In Hebräisch und Aramäisch verfaßt, ins Griechische und Lateinische übersetzt (Vulgata), liegt bei der Bibel naturgemäß die Betonung mehr auf dem Inhalt als auf der Form.[34]

Der Koran dagegen wurde vom Propheten rezitiert und von den Gläubigen beim Anhören übernommen und auswendig gelernt und zwar so gründlich, daß ein arabisches Sprichwort aus der damaligen Zeit die Moslems als solche Leute bezeichnete, die ‚ihre Bibel in ihrem Herzen tragen'.

Einige schrieben die Koransuren auf Materialien wie Leder, Papier, Knochen, Palmzweige usw. nieder. Der Prophet hatte aber auch Schreiber, die die von ihm diktierten Suren schriftlich festhielten.

Der Ausspruch des Propheten „Schreibe nach mir nur den Koran, was ansonsten geschrieben ist, soll gelöscht werden“, bot die Garantie, daß der Koran nicht mit anderen Aussagen des Propheten verwechselt oder in Verbindung gebracht wurde.[35] Unmittelbar nach dem Tode des Propheten wurden unter dem ersten Kalifen Abu Bakr die Suren, die als einwandfrei authentisch erwiesen waren, gesammelt und in einem Buch zusammengefaßt. Einen der Beweggründe Abu Bakrs bildete dabei die Tatsache, daß eine große Anzahl von Moslems der ersten Generation, die den Koran auswendig konnten, in kriegerische Auseinandersetzungen verwickelt waren, – allein in der Schlacht von Jamama fielen über siebenhundert Moslems.

Das gesammelte authentische Werk blieb so beim Kalifen Abu Bakr, dann bei seinem Nachfolger Omar, danach bei dessen Tochter Hafssa.

Etwa 24 Jahre nach dem Tode Mohammeds beauftragte der dritte Kalif Osman ein Komitee, den Koran auf der Grundlage des bei Hafssa befindlichen Buches (Musshaf), sowie der verschiedenen vorhandenen Schriftstücke und der auswendig gelernten Rezitationen der Moslems noch einmal zu überprüfen. Nach eingehender Prüfung wurde der Koran in mehreren Exemplaren niedergeschrieben, die dann auch als authentische Ausgaben in die islamischen Provinzen geschickt wurden, nach Kufa, Basra, Syrien, Ägypten, Jemen, Bahrein und Mekka.[36] Auf diese Koranbücher, die heute nach dem dritten Kalifen ‚Musshaf Osman‘ genannt werden, gehen alle bis jetzt vorhandenen authentischen Koranausgaben zurück.

Der Prophet

Ein wesentlicher Punkt des Islam besteht in der Betrachtungsweise des Propheten Mohammed durch seine Gläubigen. Diese stößt bei Nicht-Moslems auf große Mißverständnisse. Zweifelsohne bietet es für einen Asiaten, dessen Religion eine Absage an die Welt bedeutet, oder für einen Christen, dessen Glaube zwischen Weltlichem und Göttlichem trennt, eine gewisse Schwierigkeit, die Persönlichkeit und das Leben Mohammeds zu verstehen.

Man kann feststellen, daß es in Europa immer noch falsche Vorstellungen über den Propheten des Islam gibt. Neben den Klischeebildern, wie sie hier von den verschiedenen Propheten existieren (der mahnende Moses mit den Gesetzestafeln, der leidende Jesus am Kreuz, der meditierende asketische Buddha unter einem Baum) sitzt der Prophet Mohammed kämpfend auf seinem Pferd. Hier entsteht das negative Bild des weltlichen Genießers und militanten Kämpfers, welches mit den bestehenden Vorstellungen eines Propheten in der christlich-europäischen Welt nicht in Einklang zu bringen ist.

Der Islam sieht das Leben seines Propheten eng mit dem des Volkes verbunden und es herrscht hier nicht – wie in anderen Religionen – die fast unüberbrückbare Distanz zum spirituell Höherstehenden. Der Prophet, seine Lehren und seine Gläubigen stehen in einheitlicher Verbindung, Göttliches wie Weltliches erfahren keine Trennung und haben keine Gegensätze.

Der Gesandte Gottes

Der Islam anerkennt neben Mohammed ebenso andere Propheten. Ein jeder jedoch unterscheidet sich von seinen Mitmenschen nur durch die Tatsache der Besonderheit, auserwählt zu sein, um Gottes Botschaft zu verkünden.

Der Islam betrachtet die Entsendung von Propheten als Notwendigkeit und als Zeichen für das Erbarmen Gottes. Sie werden entsandt, um die Menschen zu lehren, zu mahnen und zu warnen, da diese sich im Zustand der Unvollkommenheit befinden.

„Und wir hätten nie (über ein Volk) eine Strafe verhängt, ohne vorher einen Gesandten (zu ihm) geschickt zu haben." (Sure 17, 15: „Die nächtliche Reise")

„Sag: Ich bin nur ein Mensch wie Ihr, (einer) dem (als Offenbarung) eingegeben wird, daß euer Gott ein einziger Gott ist." (Sure 18, 110: „Die Höhle")

Die menschlichen Eigenschaften Mohammeds sind offensichtlich und ausgeprägt. Er hat vollen Anteil am normalen Leben mit all seinen Kümmernissen und Kämpfen. Dies beeinträchtigt oder schmälert nicht seine Mission als Gesandter Gottes und Verkünder der Botschaft.

So sprach der Prophet zu einer vor ihm mit großer Ehrfurcht stehenden Frau: „Beruhige Dich Mutter, ich bin der Sohn eines Mannes und eines Weibes, ich esse, gehe zum Markt, und ich bin nicht mehr als jeder andere Mensch."

Im selben Sinne sagte er zu einem Beduinen: „Ich bin nur ein Mann aus dem Stamme Quraish, dessen Mutter wie alle anderen getrocknetes Fleisch aß."

Der Gesandte Gottes ist für den Moslem ein Mensch, der zu seinen Lebzeiten seine Tiere molk, seine Kleider wusch und nähte, seine Schuhe flickte, kochte und mit den Dienern aß, der betete, fastete, kämpfte und arbeitete, ohne dabei Gott eine Sekunde lang zu vergessen.

An erster Stelle sieht der gläubige Moslem jedoch immer

Mohammed als Gesandten Gottes, der den Menschen seine Botschaft gab und an zweiter Stelle einen Menschen unter Menschen, der Gott nahe stand und der vorbildlich in seiner Lebensweise war.

Im weltlichen Bereich war der Prophet ein Handeltreibender, ein Vater, der seine Kinder liebte und erzog, ein Ehemann, ein Großvater, der einmal beim Gebet länger kniete, weil sein Enkel über seinen Rücken kletterte, ein Sohn, der die Moslems lehrte: „Das Paradies liegt zu Füßen der Mütter", ein Krieger, der Gottes Botschaft und seine Gemeinde zu Recht gegen Angriffe verteidigte, ein Regierender, ein Richter und Berater seiner Gemeinde; ein Mensch, der trotz aller ihm zur Verfügung stehenden Möglichkeiten in einem Haus aus Lehm wohnte und in einem Bett aus Palmfasern schlief. Dieses Bild von dem gottesfürchtigen, rechtschaffenen, starken aber barmherzigen Menschen prägt die Vorstellung des Moslems von einem Propheten, der ihm die Offenbarung Gottes brachte.

Kein Wundertäter

Obwohl der Koran die verschiedenen Wunder der früheren Propheten bejahend zitiert, bediente sich Mohammed nicht übernatürlicher Mittel, um zu überzeugen. Er appellierte an die Vernunft, rief die Menschen auf, zu denken, sich umzuschauen, um dadurch zur Göttlichen Wahrheit zu gelangen. Seinen oft wiederholten Spruch: „Ich bin ein Mahner, aber kein Wundertäter", kennt jeder Moslem.

Als er damit begonnen hatte, seine Botschaft zu verkünden, gab es einige, die von ihm Wunder verlangten. Diesen antwortete er: „Ich bin ein Mensch, ein Gesandter Gottes."
„Sag: Mein Herr sei gepriesen! Bin ich denn etwas anderes als ein Mensch und ein Gesandter?" (Sure 17, 93: „Die nächtliche Reise)

„Sag: Ich vermag mir weder Nutzen zu verschaffen noch Schaden zuzufügen, soweit es Gott nicht anders will.“ (Sure 7, 188: „Die Höhen“)

„Sag: Ich sage nicht zu euch, daß ich über die Vorräte verfüge, die Gott in seinem Reichtum allein besitzt, oder daß ich das Verborgene weiß. Auch nicht, daß ich ein Engel bin. Ich folge nur dem, was mir (als Offenbarung) eingegeben wird.“ (Sure 6, 50: „Das Vieh“)

Am Tag, als Mohammeds Sohn starb, fand eine totale Sonnenfinsternis statt. Die Moslems sagten, es handle sich um ein Wunder, aber der Prophet antwortete ihnen: „Die Sonne und der Mond sind zwei von den Zeichen Gottes, und es gibt keine Finsternis wegen des Todes oder Lebens eines Menschen.“

Der letzte der Propheten

Nach der islamischen Lehre ist Mohammed der letzte der Propheten nach dem keiner mehr folgen wird. Wie er selbst sagte: „Es ist, als ob ein Haus gebaut wurde und es fehlte in seiner Ecke ein Stein. Ich bin dieser letzte Stein, der es vervollkommnete.“

Mohammed lebte und starb wie jeder andere Mensch (wie der Koran sagt: „Du bist tot und sie sind tot“), sein Leben war und ist bis heute jedoch ein hohes Vorbild für jeden Moslem.

„Im Gesandten Gottes habt ihr doch ein schönes Beispiel.“ (Sure 33, 21: „Die Gruppen“)

„Gott und seine Engel sprechen den Segen über den Propheten, Ihr Gläubigen! Sprecht (auch ihr) den Segen über ihn und grüßt (ihn), wie es sich gehört!“ (Sure 33, 56: „Die Gruppen“)

Der Prophet selbst beschrieb seinen Weg auf diese Weise: „Das Wissen ist mein Kapital, der Verstand ist die Grundlage meiner Religion, die Liebe meine Doktrin, die Sehnsucht (nach Gott) mein Weg, an Gott zu denken ist mein Trost, die Trauer ist meine Gefährtin, die Geduld mein Gewand, Ehrlichkeit mein Fürsprecher, das Lernen meine Waffe, der Kampf (gegen das Böse und für das Gute) ist ein Bestandteil meines Charakters, und das Beste ist für mich das Gebet."

Nicht nur das vorbildliche Verhalten Mohammeds im täglichen Leben ist für den gläubigen Moslem beispielhaft, sondern ebenso seine gesellschaftlich-reformatorische Tätigkeit.

Wenn die „Encyclopädia Britannica" die Tätigkeit des Propheten mit den Worten bezeichnet: „Neben der wirtschaftlichen Gerechtigkeit und der Aufstellung eines starken gesellschaftlichen Ideals hat der Prophet Mohammed eine allgemeine Reform in der arabischen Gesellschaft, insbesondere im Hinblick auf den Schutz ihrer schwächsten Elemente, der Armen, Waisen, Frauen und der Sklaven, verwirklicht", so empfindet der Moslem die Erfüllung dieser Aufgaben vollständig im Einklang mit seiner Religion und der Vorstellung vom Propheten und dessen göttlicher Botschaft.

Angriffe gegen den islamischen Glauben

Man kann nicht umhin, zu erwähnen, daß manche erbitterte Angriffe gegen den Islam von christlichen Schriftstellern und Orientalisten geführt wurden, die den Propheten und sein Leben als Hauptzielscheibe nahmen und damit den Moslems schmerzliche Wunden verursachten, deren tiefe Narben bis zum heutigen Tage geblieben sind. In diesem Punkt sehen wir bis heute ein Hindernis, welches den angestrebten Dialog und die Annäherung zwischen christlichen und moslemischen Theologen und Gelehrten beeinträchtigt.

Abdel Halim Mahmoud, Sheik von der Al Azhar Universität in Kairo, weist in seiner Veröffentlichung ‚Europa und der Islam' auf die Abhandlungen nichtmoslemischer Publizisten hin, die den Propheten als depressiven Menschen, Epileptiker, Magier oder als Spiritisten bezeichneten. Oder es hieß in diesen Veröffentlichungen, die Moslems hätten einen goldenen Götzen namens „Mahom" (gemeint ist Mohammed) angebetet. An anderer Stelle wurde wiederum behauptet, der Prophet habe durch Hunger Halluzinationen gehabt und dabei Katzenstimmen gehört; wegen seiner übertriebenen Gelüste und Triebe sei er immer vom Herzinfarkt bedroht gewesen.[37]

Kein Wunder, wenn Abdel Halim Mahmoud zu Verallgemeinerungen neigt und jedem, der sich eingehend mit dem Leben des Propheten beschäftigen will, die Empfehlung gibt, Abhandlungen früherer europäischer Orientalisten, die er unzuverlässig, tendenziös und naiv nennt, außer acht zu lassen. Prof. Dr. Annemarie Schimmel schreibt: „Auf der anderen Seite brachte die Aversion des christlichen Mittelalters gegen den Koran und gegen den Islam Auswüchse sonderbarster Art hervor; Mohammed, als Betrüger oder Antichrist ist verdammt, wurde teilweise mit den Götzen des klassischen Altertums vermengt; und noch in Friedrich Schlegels Bearbeitung des Rolandliedes liest man von ‚Goldenen Mahomsbildern'. – Der Koran, erstmals auf Geheiß des Cluniazenser-Abtes Petrus Venerabilis 1143 ins Lateinische übertragen, um der anti-islamischen Polemik zu dienen, blieb den Abendländern im allgemeinen ein verschlossenes Buch, in dem man in erster Linie wollüstige Schilderungen eines sinnlichen Paradieses vermutete –, Gedanken, die jahrhundertelang das Bild vom Islam geprägt haben."[38] Hier aber muß erwähnt werden, daß einige Orientalisten später Positives und Wertvolles zum Verständnis des „Islam" geleistet haben.

Al Azhar Moschee und Universität in Kairo, errichtet im Jahre 970. Wichtigstes theologisches Zentrum in der islamischen Welt.

IV

Das Gesetz

Quellen des islamischen Rechts

„Al Sharia“, arabisch „der Weg“, ist die Bezeichnung für den Bereich der islamischen Religion, der sich mit den Gesetzen beschäftigt.

„Al Sharia“ gliedert sich in zwei Hauptrichtungen: Ibadat: die Verpflichtung des Menschen gegenüber Gott (wie beten, fasten usw.) und „Muamalat“: die Beziehung des Moslem zu seinen Mitmenschen.

Der Koran, im Gegensatz zu anderen Heiligen Schriften, weist in seinen Bereichen des „Ibadat“ und des „Muamalat“ direkte, präzise und detaillierte Verpflichtungen auf, die in ihrer Zusammensetzung eine praktikable Gesamttheorie bilden. Inwieweit diese Pflichten in ihren Details noch volle Geltung haben in der heutigen islamischen Welt, ist nicht einheitlich zu beantworten. Es variiert von einem Land zum anderen.

Was „Ibadat“, die Beziehung des Menschen zu Gott, betrifft, wird man feststellen können, daß die damit verbundenen Vorschriften auch für den heutigen gläubigen Moslem absolut verpflichtend sind, wobei aber die Frage nach Belohnung oder Bestrafung entsprechender Taten nicht Sache des Staates ist, da diese nach dem Ableben des Gläubigen durch Gott selbst erfolgen.

Im „Muamalat“ wiederum, der Beziehung zwischen den Menschen selbst, besteht jedoch eine andere Situation. Mit Ausnahme von Saudi-Arabien, Jemen und in letzter Zeit auch Iran haben die islamischen Länder, im Prozeß der Modernisierung, ihre Gesetzgebung neu kodifiziert. Als

Basis übernahmen sie die europäische Gesetzgebung (die französische, italienische und die englische) für das Zivil-, Handels- und Strafrecht. Ein Teil des islamischen Rechts wurde mitbenutzt, insbesondere dort, wo das Gewohnheitsrecht begünstigend wirkte. Eine Ausnahme bildete dabei aber das Familien- und das Erbrecht, hier behielt die islamische Sharia volle Geltung für die Moslems.

Ganz allgemein wird man feststellen können, daß in die heutige Gesetzgebung der meisten islamischen Länder, mit Ausnahme des obengenannten Familien- und Erbrechts, das europäische Rechtssystem übernommen worden ist, jedoch zum Teil mit traditionellen islamischen Elementen verbunden wurde.

Diese Rechtsproblematik begründet den Wunsch mancher islamischer Parteien oder Organisationen zur Rückkehr zum alten islamischen Recht mit voller Anwendung der islamischen Sharia, wie dies z.B. nach der Absetzung des Schah in Iran zur Durchführung kam.

Nach einstimmiger Auffassung der islamischen Gelehrten sind der Koran, dessen direkte Aussagen verpflichten und absolute Priorität haben, und außerhalb des Korantextes die Sunnah (überlieferte Aussagen und Beschreibung der Lebensweise des Propheten) als Quellen der Sharia anzusehen.

Im Laufe der Zeit hat sich ein wissenschaftliches System zur Überprüfung der Authentizität der Aussagen und der dargestellten Lebensweise des Propheten herausgebildet. Das berühmte Sammelwerk „Sahih al Buchary" wurde u.a. hinsichtlich dieser Bemühungen um den Beweis der Echtheit ausgearbeitet. Sollten zur Diskussion stehende Fragen durch den Koran oder die Sunnah nicht oder nur ungenügend beantwortet werden können, so greifen islamische Gelehrte oder Richter zu Texten des „Igmaa" (Konsensus) – einhellige Meinungsdarlegung der Moslems oder der moslemischen Gelehrten, des „Quias" – Vergleiche mit analog liegenden Fällen und des „Igtihad" – individuelle Untersuchung und Behandlung eines Falles.

Diese letztgenannten drei Quellen haben keinen Anspruch auf absolute Gültigkeit, Änderungen können durchaus vorgenommen werden, jedoch hat die allgemeine Zulassung der Heranziehung dieser Quellen im Laufe der Geschichte dem Islam zusätzliche Möglichkeiten und eine größere Elastizität gegeben. Damit hat sich die islamische Rechtsprechung in den verschiedenen Epochen mehr oder weniger den jeweils vorherrschenden Zeitströmungen angepaßt.

Ibadat: Gottesanbetung

Ibadat umfaßt die Anbetung Gottes, ihm zu dienen, Hingabe und Untertänigkeit zu bezeugen. Hervorzuheben sind die fünf Eckpfeiler des Islam: Schahadah – Bezeugung, Salah – Gebet, Siam – Fasten, Hadj – Pilgerfahrt und Zakat – Almosen oder Steuern.

Diese Pflichten sind an folgende Bedingung gebunden: Ihre Ausübung soll freiwillig erfolgen. Dies bedeutet in juristischem Sinne eine Ausübung durch Erwachsene, die in vollem Besitze ihrer geistigen Kräfte sind. Für die Bestimmung des ‚Erwachsenseins' gilt die Pubertät. Dies bedeutet, die Pflichten gelten für einen Nichtmoslem, für Kinder und geistig Behinderte nicht.

Wie wird man Moslem?

Der wichtigste der fünf Eckpfeiler des Islam ist der „Schahadah": „Ich bezeuge, es gibt nur einen einzigen Gott, und Mohammed ist der Gesandte (Prophet) Gottes!"

Von der Lehre her ist diese Bezeugung allein ausreichend, um als Moslem, der die Barmherzigkeit und die Verzeihung Gottes verdient, zu gelten, auch wenn diese Bezeugung erst kurz vor seinem Tode stattfindet.

Die Annahme des islamischen Glaubens erfolgt durch den „Schahada", also durch die einfache Bezeugung. Dies geschieht ohne Ritual, ohne Vermittler oder irgendeinen formalen Akt.

Da aber der Übertritt zum Islam auch juristische Konsequenzen nach sich zieht, wie etwa im Ehe-, Erb- oder Familienrecht, setzten die islamischen Staaten später zusätzliche Bedingungen, um den Übertritt auch juristisch zu untermauern. So wird im allgemeinen verlangt, den „Schahada" vor zwei Zeugen auszusprechen und dies in entsprechenden Akten schriftlich festzuhalten. Auch werden allgemeine Kenntnisse über den islamischen Glauben von der Person, die zum Übertritt bereit ist, abverlangt.

Das Gebet

Wie in fast jeder Religion steht das Gebet auch im Islam an erster Stelle. Die Formen in den einzelnen Religionen mögen verschieden sein, Inhalt und Ziel sind jedoch die gleichen. Im Islam werden die Gebete mit einer bestimmten Körperhaltung verbunden und von rituellen religiösen Texten begleitet; das Gebet ist immer ein geistiger Akt der Verehrung und Unterordnung unter den Willen Gottes, demonstriert als ein Mittel zur direkten Kommunikation des Menschen zu seinem Schöpfer.

Der große Imam Sheik Mahmoud Schaltout nennt die Gebete „die fünf göttlichen Reisen"; die Vorschriften des Islam beziehen sich auf fünfmaliges Beten am Tage, nämlich auf das Morgengebet (zwischen Morgenröte und Sonnenaufgang); auf das Mittagsgebet (zwischen Mittag und der ersten Hälfte der Zeit bis zum Sonnenuntergang); auf das Nachmittagsgebet (in der zweiten Hälfte von Mittag bis Sonnenuntergang); auf das Sonnenuntergangsgebet (zwischen Sonnenuntergang und Ende der Dämmerung); und auf das Abendgebet (zwischen dem Ende der Dämmerung bis zum Beginn der Morgenröte).

Die körperlichen Bewegungen und die Gebetstexte sind genau vorgeschrieben. Die Gebete haben ihren Anfang jeweils mit der Al-Fatiha-Sure, der ersten Sure des Koran, die wiederholt rezitiert wird neben anderen Koransuren, die der Betende dann selbst auswählt. Es steht dem Moslem frei, neben den fünf Pflichtgebeten weitere Gebete alleine oder innerhalb einer Gruppe zu verrichten.

Das Verrichten der Gebete zusammen mit der eigenen Familie wird dem Beten ‚alleine' vorgezogen. Die Ankündigung der Gebetszeit erfolgt durch den Muezzin mit dem vorgeschriebenen Text: „Gott ist groß, ich bezeuge, daß es nur einen Gott gibt und ich bezeuge, daß Mohammed der Gesandte Gottes ist. Auf zum Gebet, auf zum Heil. Gott ist groß, es gibt nur einen Gott." In den Anfängen des Islam waren die Gebete in Richtung Jerusalem gerichtet bis zu dem Zeitpunkt, in dem der Koran befahl, in Richtung Mekka zu beten. Diese Vorschrift gilt ebenso, wenn ein Moslem sich auf Reisen in andere Länder befindet. Die Gebete bedürfen nicht der Anwesenheit in einer Moschee, sie können überall ausgeführt werden.

Das Mittagsgebet an Freitagen soll der Moslem jedoch in einer Moschee innerhalb einer gleichgläubigen Gruppe halten. Die Besonderheit des Freitagsgebetes in der Moschee liegt auch in der dort stattfindenden Ansprache durch einen der Betenden. In islamischen Ländern ist somit der Freitag der wöchentliche Ruhetag. Vergleichbar dem Sonntag in den westlichen Ländern.

Ebenso obligatorisch ist das gemeinsame Gebet zum „Idul Fitr", einem Fest am Ende des Fastenmonats Ramadan, und zum „Idul Adha", dem Opferfest am Ende der Pilgerfahrtzeit. Totengebete gehören nach islamischer Vorschrift zum Beisetzungsritual. Der Verstorbene wird gewaschen, in ein einfaches Leichentuch gehüllt und zur Moschee getragen, wo die Totengebete stattfinden. Die Beisetzung in der Erde geschieht ohne Pomp und große Grabanlagen.

Jeweils vor dem Gebet ist der Moslem verpflichtet, sich zu waschen. Die sogenannte kleine Waschung „wudu" genannt, besteht aus dem Waschen der Hände, Arme bis Ellenbogen, der Füße bis zum Knöchel, dem Gesicht, Kopf und Nacken. Mund und Nasenlöcher werden durch Wasserspülungen gereinigt. Mit der ‚großen Waschung' ist ein Vollbad gemeint, dies ist unter anderem nach dem Beischlaf vorgeschrieben. Die Vorschriften des Islam legen bemerkenswerte Sorgfalt auf Hygiene und Sauberkeit. Der Prophet ging sogar soweit, den Moslems das Schneiden der Nägel und Haare sowie das Zähneputzen zu empfehlen. Wie er die Moslems wissen ließ: „Hätte ich nicht befürchtet, mein Volk zu überfordern, dann hätte ich das Zähneputzen fünfmal am Tag empfohlen."

Waschungen erfolgen immer mit sauberem Wasser. Sollte kein Wasser vorhanden sein, wie z.B. auf Reisen, besteht die Möglichkeit, sich trockenen Sandes als Ersatz zu bedienen „Tayamum".

Ramadan – Der Fastenmonat

Zu den Vorschriften im islamischen Glauben gehört auch das Fasten, welches im neunten Monat des islamischen Jahres, im Mond-Monat für 29–30 Tage stattfindet. In diesem Monat enthält sich der Moslem des Essens, Trinkens, Rauchens und des Beischlafs von Sonnenaufgang bis Sonnenuntergang.

Befreit vom Fasten sind Kinder, Kranke, Reisende, Greise, schwangere Frauen, stillende Mütter und Frauen während ihrer Menstruation.

Der Ramadan ist nicht nur ein Monat des Fastens, er ist ebenso ein Monat des Gebets, der religiösen Besinnung und des moralisch-ethisch einwandfreien Verhaltens. Für nichteingehaltene Fasttage werden Ersatzfasttage eingesetzt oder die Armen mit Nahrung versorgt.

Die Pilgerfahrt

Für jeden Moslem, der gesundheitlich und materiell dazu in der Lage ist, schreibt der Koran eine Pilgerfahrt (wenigstens einmal im Leben) nach Mekka zur ‚Kaaba' vor. Die Kleidung für die Pilger besteht aus einfachen, ungenähten weißen Gewändern. Das Ritual selbst läuft wie folgt ab:
siebenmaliges Umschreiten der Kaaba,
das siebenmalige Abgehen der Straße zwischen den Orten Safa und Marwa,
das Besteigen des Berges Arafat,
Fahrt nach ‚Muna' und dort die symbolische Steinigung des Satans.

Die Pilgerfahrt wird beendet durch ein nochmaliges Umschreiten der Kaaba. Der Pilger opfert dabei einen Hammel, dessen Fleisch an die Armen verteilt wird.

„Zakat" – Pflichtalmosen

Der Moslem ist verpflichtet, jährlich Pflichtalmosen (Steuern) zu bezahlen. Die Höhe dieser Summe unterscheidet sich nach dem Umfang des Besitztums oder der eingenommenen Gewinne, ob diese aus Gold, Silber, Viehbeständen, landwirtschaftlichen Erzeugnissen oder Handelswaren bestehen. Die Abgabenhöhe bewegt sich zwischen zwei und zehn Prozent; in der täglichen Praxis wird jedoch auf ein Fünftel der Gewinne aufgerundet. Der Gesamterlös der eingegangenen Abgaben ist für die Armen, Schwachen, Hochverschuldeten und in Not geratene Reisende bestimmt; und auch für öffentliche Zwecke, so früher zur Befreiung der Sklaven, für öffentliche Dienste zum Gemeinwohl oder auch zur Bezahlung der Beamten, welche die Almosen oder Abgaben einziehen.

In der heutigen islamischen Welt wird der „Zakat" nur

noch freiwillig als Almosen für Arme oder für religiöse Zwecke abgeführt. Der größte Teil der Moslems betrachtet das Bezahlen der Steuern bereits als einen Ersatz für den „Zakat". In schiitischen Ländern, wie z.B. Iran, wurde der Zakat gelegentlich freiwillig an die Mullahs abgeführt.

Unreinheiten

Erwähnenswert wären noch bestimmte Aspekte des täglichen Lebens, die für einen Moslem Unreinheit bedeuten:

- alles, was der Körper ausscheidet,
- Blut und tote Tiere,
- Hundespeichel,
- das Schwein und alles, was von ihm berührt wird.

Zur Wiederherstellung der Reinheit müssen Waschungen vorgenommen werden. Moderne Gelehrte sehen in der Vermeidung der genannten Unreinheiten eine Bemühung zur Abwendung von Krankheiten und Parasiten. Dies galt in früheren Zeiten insbesondere für Schweine und Hunde, die von Abfällen lebten und Parasiten und Krankheiten übertrugen. Auch die Haut toter Tiere galt so lange als unrein, bis sie gegerbt war.

„Muamalat" – Regelung der Beziehungen zwischen den Menschen

Es bestehen zwei Prinzipien, die die Beziehung zwischen den Moslems und ihren Mitmenschen regeln.

Dem ersteren kommt vorwiegend ein rein ethisch-moralischer oder religiöser Charakter zu. Einer gesellschaftlich-staatlichen Intervention bedarf es hier nicht; Belohnungen oder Bestrafungen finden nach dem Ableben des Gläubigen statt. Das zweite Prinzip bezieht sich auf juristisch-gesellschaftliche Verpflichtungen im engeren Sinn. Hier interveniert der Staat notfalls direkt, um die Ordnung in der Gesellschaft zu schützen. Es werden straf- oder zivilrechtliche Maßnahmen zur Aufrechterhaltung dieser gesellschaftlichen Ordnung ergriffen. Eine detaillierte Abhandlung des „Muamalat" würde den Rahmen dieses Buches sprengen. Zweckmäßigerweise beschränken wir uns hier auf die Basisregeln, die für den Islam charakteristisch sind, insbesondere auf solche Regelungen, die sich stark von anderen Religionen oder Gesetzgebungen unterscheiden.

Verbotene Genußmittel und Geschäfte

Durch die Vorschriften des Koran bestehen für den Moslem absolute Verbote für folgende Handlungen:
- der Genuß von Schweinefleisch oder Blut,
- das Essen toter Tiere, die nicht geschlachtet wurden, außer Fischen und ähnlichen Tierarten,
- der Genuß alkoholischer Getränke, außer zu medizini-

schen Zwecken (dieses Verbot bezieht sich analog auf alle Mittel, die die Sinne berauschen),
- alle Arten von Glücksspiel,
- Wuchergeschäfte.

Orthodoxe Moslems unserer Zeit diskutieren über die Rechtmäßigkeit von Bankgeschäften mit Zinsen und Gewinnen oder über Versicherungsgesellschaften, deren Geschäfte gewinnspekulativ ausgerichtet sind; jedoch entschied ein Komitee der Al Azhar Universität, Kairo, die Vereinbarkeit von Bank- und Versicherungsgeschäften mit dem Islam.[39]

Das Eherecht – Die Scheidung

Dem Moslem stehen von Rechts wegen vier Frauen zu, wobei jedoch eine Frau ehevertraglich eine auch von ihrer Seite gegebenenfalls auszusprechende Scheidung vereinbaren kann. Durch die Ehe erfährt der Name der Frau keine Änderung, sie behält ihren Familiennamen wie vor der Heirat. Ihr Besitztum bleibt auch nach der Eheauflösung ihr ausschließliches Eigentum; eine Gütergemeinschaft kennt das islamische Recht nicht. Die Frau kann ebenso in der Ehe Handel treiben, oder Geschäfte abwickeln; die erzielten Gewinne sind ihr Eigentum. Der Mann ist alleinverantwortlich für die finanzielle Sicherstellung der Frau und der Familie auch dann, wenn die Frau finanziell besser gestellt ist als ihr Mann.

Die Scheidung im islamischen Recht kann durch die einseitige Erklärung durch den Mann „Du bist geschieden" erfolgen. Die Frau hat dasselbe Recht, vorausgesetzt, dies ist im Ehevertrag vereinbart worden.

Die Scheidung geschieht in drei Stufen. Verstößt der Mann zum ersten oder zum zweiten Mal seine Frau, so kann er dies innerhalb der „Idda", innerhalb von drei Monaten, rückgängig machen; sind jedoch die drei Monate verstrichen, muß ein neuer Ehevertrag abgeschlossen werden. Verstößt der Mann seine Frau zum dritten Mal, so kann diese ihn nicht wieder heiraten, bevor sie nicht einen anderen Mann geheiratet hat und von diesem wiederum geschieden ist.

Eine Frau hat rechtlichen Anspruch auf Scheidung, sofern sie von ihrem Ehemann geschädigt wurde und durch Anklage vor Gericht das Scheidungsurteil erfolgte.

Im Falle einer Scheidung ist es obligatorisch für den Mann, den Rest der Morgengabe zu bezahlen, falls diese nicht schon bei Abschließung des Ehevertrages voll erbracht wurde. In die Ehe eingebrachte Möbel bleiben auch nach der Scheidung im Besitz der Frau. Eine sofortige Wiederverheiratung der Frau nach der Scheidung ist nicht erlaubt. Dies ist erst nach etwa drei Monaten „Idda" möglich, wenn feststeht, daß keine Schwangerschaft besteht. Der Mann wird verpflichtet, eine angemessene Unterhaltsleistung zu erbringen, wobei die Schuldfrage keine Rolle spielt, ebenso ist die finanzielle Lage der Frau oder des Ehemannes hierbei unerheblich. Das Erziehungsrecht für die Kinder im Alter bis zu 9 Jahren hat stets die Frau, nach dieser Zeit der Mann. Manche Länder sprechen das Pflegerecht für Kinder der Frau bis zur Volljährigkeit – 21 Jahre – zu.

Das Eherecht hat in den heutigen islamischen Staaten manche Änderung erfahren. Teilweise wird die Polygamie verboten, und das Recht der Frau auf Scheidung tritt auch dann ein, wenn der Mann eine zweite Frau heiraten sollte. Einige Staaten verlangen bezüglich einer Scheidung in jedem Falle ein rechtskräftiges Urteil vor einem Gericht.

Islamische Staaten, die Abweichungen von der modernen Regelung im Familienrecht in ihrer Gesetzgebung verankert haben, betreiben zumeist eine elastische Auslegung der islamischen Lehre und versuchen, diese Maßnahmen religiös zu untermauern. Dies betrifft etwa die islamische Regel, nach der die Scheidung unter den erlaubten Handlungen die durch Gott am meisten gehaßte ist, oder laut Koran: „Ihr könnt eine, zwei, drei oder vier Frauen heiraten, wenn ihr zu diesen gerecht seid, aber ihr werdet nicht gerecht sein."

Tatsache aber bleibt, daß die Heirat mit gleichzeitig vier Frauen und dem einseitigen Recht auf Scheidung durch den Mann von der Religion her zweifelsohne im Islam erlaubt ist.

Adoption von Kindern

Der Islam kennt keine Adoption von Kindern im europäisch-juristischen Sinne. Es besteht lediglich die Möglichkeit einer „Anerkennung der Vaterschaft", auch wenn die Kinder nicht seine eigenen sind. Dies garantiert in vollem Umfange den Schutz der Kinder, kann nicht rückgängig gemacht werden und gibt dem Kind alle Rechte, wie sie auch von einem leiblichen Sohn oder von einer leiblichen Tochter wahrgenommen werden.

Geburtenkontrolle

Sheik M. Shaltut weist in seinem Buch „Der Islam" auf eine Aussage über Geburtenkontrolle durch Imam Al Gazaly (1058–1111) hin, nach dem dieser die Geburtenkontrolle als erlaubt ansieht, sofern der Ehepartner damit einverstanden ist. Er selbst lehnt in seinen Ausführungen die Sterilisation ab. Die Hanafiten plädieren für das Einverständnis der Ehefrau. Abtreibung ist dagegen untersagt.[40]

Das Erbrecht

Das Erbrecht ist im Koran detailliert beschrieben.

Der Begriff des Alleinerben besteht hier nicht; ein Testament kann nicht absolut und über das gesamte Vermögen gemacht werden, sondern nur bis zur Höhe eines Drittels des Gesamtvermögens zugunsten einer beliebigen Person, so daß auf jeden Fall ein entsprechender Teil den Erben zugute kommt. Ein Testament zugunsten eines Erben zusätzlich zu seinem Anteil braucht die Zustimmung aller anderen Miterben. Die Teilung erfolgt nach Bezahlung der Schulden des Verstorbenen.

Als Erben stehen an erster Stelle die Kinder, wobei der Sohn jeweils den doppelten Anteil wie die Tochter bekommt. Die Ehefrau oder der Ehemann ist am Erbe ebenso wie die Kinder beteiligt. Vater, Mutter, Geschwister, Enkelkinder und andere Verwandte können in bestimmten Fällen nach einer genau berechneten Aufteilung Erben werden. Das Erbrecht (Pflichtteil) hat nur Geltung zwischen Menschen des gleichen Glaubens.

Kapitaldelikte und Strafen

Die Bestrafung von schweren Verbrechen und Delikten wird heute in den islamischen Ländern nicht mehr in der altüberlieferten Jurisdiktion durchgeführt.[41]

Diese Art von Bestrafung hat nur noch einen geschichtlich-religiösen Wert und ist hierin analog zu den im alten Testament beschriebenen Strafen, die nicht mehr praktiziert werden.

Auf Mord stand die Todesstrafe „Kasas". Die Angehörigen des Opfers konnten aber auch auf eine Bestrafung verzichten gegen eine Entschädigung „Diah", oder sie konnten dem Mörder verzeihen. Die Todesstrafe wurde auch für Abtrünnige im Islam „Ridah“ eingesetzt, wenn diese sich kämpfend gegen die Moslems wandten.

Für Ehebruch stand Todesstrafe durch Steinigung, wenn dieser durch vier Zeugen einwandfrei bewiesen werden konnte. Dieben wurde die Hand abgehackt und für etliche andere Delikte und Übertretungen wurde die Bestrafung durch Peitschenhiebe vollzogen, wie etwa 100 Peitschenhiebe für den Beischlaf unter Nicht-Verheirateten und 80 Peitschenhiebe für denjenigen, der einen verheirateten Mann oder eine verheiratete Frau des Ehebruchs bezichtigte, ohne dies durch die erforderlichen vier Zeugen einwandfrei beweisen zu können. Das Trinken von Alkohol wurde mit 40 bis 100 Hieben bestraft.

Mit Ausnahme der Todesstrafe für Mord werden heutzutage die anderen Straftaten in den islamischen Ländern durch Gefängnisstrafen gesühnt.

Sheik Mahmoud Shaltut, der große Imam von Al Azhar, findet diese abgeänderte Bestrafungsmethoden nach modernen Gesichtspunkten sogar zum größten Teil mit den Lehren des Islam vereinbar. Er stützt sich auf die Tatsache, daß ein Teil dieser Strafmethoden nicht ausdrücklich im Koran erwähnt ist, und daß andererseits das einzelne Mitglied die strafrechtliche Durchsetzung seiner Rechte an den Staat abgetreten hat, was wiederum im Islam durchaus vertretbar ist.[42]

Alle anderen Straftaten unterliegen in ihrer Verbüßung dem Ermessen der Richter.

Zeitrechnung und Feiertage

Die islamische Zeitrechnung beginnt mit dem Hidjra, dem Auszug des Propheten aus Mekka nach Medina, an einem Freitag, den 16. Juli 622 n. Chr. Gerechnet wird nach dem Mondjahr und dem Mondmonat.

„Man fragt dich nach den Neumonden (Mondmonate), *sag, sie sind feste Zeiten für den Menschen und für die Pilgerfahrt.*" (Sure 2, 189: „Die Kuh")
„Zwölf gilt, bei Gott als die (richtige) Zahl der Monate." (Sure 9, 36: „Die Buße")

Ein Mondmonat hat 29 Tage, 12 Stunden, 44 Minuten und 2,8 Sekunden. So aufgerundet kann der islamische Mondmonat 29 oder 30 Tage haben. In 30 Jahren sind 19 Jahre mit 354 Tagen und 11 Jahre mit 355 Tagen zu rechnen. 300 Jahre nach christlicher Zeitrechnung oder 300 Sonnenjahre sind gleich 309 islamischen oder Mondjahren. M. G. Alfindy findet einen Hinweis diesbezüglich in der Korangeschichte über die *„Leute der Höhle"*, (Sure 18, „Die Höhle") die Gott 300 Jahre schlafen ließ, *„und sie verweilten dreihundert Jahre in ihrer Höhle, und neun dazu.*" (Sure 18, 25: „Die Höhle")

Die islamische Lehre kennt nur zwei Feiertage, nämlich den ‚Idul Fitr' oder den kleinen ‚Beiram', der das Ende der Fastenzeit einleitet, und den „Idul Adha", den großen Beiram, oder das Opferfest am Ende der Pilgerzeit.

Der Koranerzählung nach sah Abraham eine göttliche Vision mit der darin enthaltenen Aufforderung, seinen Sohn Ismail zu opfern. Als er dies dann nach Absprache mit seinem Sohn ausführen wollte, schickte ihm der Himmel einen Widder, um denselben anstelle seines Sohnes zu opfern, da Abraham die göttliche Gehorsamsprüfung bestand. Beim Opferfest nun schlachten die gläubigen Moslems ein Schaf und verteilen das Fleisch an die Armen zum Gedenken an Abrahams Prüfung.

Für die Schiiten gilt ein zusätzlicher Feiertag, nämlich der Passionstag „Aschura". Dieses Trauerfest wird auch „Tag der Märtyrer" genannt, die Gläubigen beklagen die Ermordung Al Husseins in Karbala, den Enkel des Propheten und Sohn Alis.

Im Volksislam wird aber ebenso der Geburtstag des Propheten wie der Anfang des islamischen Jahres gefeiert. Andere Ereignisse, wie in der Monatsmitte „Schaaban“, „Lailat Al Kadr“ die Schicksalsnacht und „Israa und Miraj“ die Himmelreise des Propheten, werden mit nächtlichen Gebeten und religiösen Übungen gefeiert.

Das „Frühlingsfest“, Scham El Nissim oder Neirous, werden, auch wenn sie heidnischen Ursprungs sind, in mehreren islamischen Ländern toleriert und auch gefeiert.

Der wöchentliche Feiertag ist jeweils der Freitag, „Al Djumma“, was „das Zusammentreffen“ bedeutet. Die Gläubigen versammeln sich an diesem Tag in der Moschee zum gemeinsamen Gebet.

Der islamische Staat

Der Grundgedanke des Islam erblickt in Gott den höchsten und absoluten Herrscher über das Universum. Der Mensch, als Statthalter Gottes, wird mit der Verwaltung der göttlichen Schöpfung betraut und ist in seinem Handeln vor Gott verantwortlich. Dies gilt für den Mann als Oberhaupt der eigenen Familie im kleinen wie auch für das Staatsoberhaupt bezüglich seines Volkes im großen. „Jeder von euch ist ein Hirte und er ist verantwortlich für seine Herde" (Prophet Mohammed).

Im islamischen Denken nimmt die Vorstellung an eine universale Föderation oder Konföderation von Staaten, die in Frieden und Freiheit leben, als höchstes Ideal einen breiten Raum ein. Dies reflektiert das moslemische Bestreben nach einer Anerkennung der globalen und absoluten Herrschaft des einzig Göttlichen über das Universum.

Das Staatsoberhaupt (Kalifah) wird in dieses Amt gewählt, und zwar auf Lebenszeit.

Der islamische Staat ist kein theokratischer Staat. Der Kalifah ist der gewählte Vertreter, der die Nation oder Gemeinschaft (Umma) vertritt; er regiert nach der islamischen Lehre und nach dem islamischen Gesetz, ohne sakralen Charakter zu haben. Der Kalifah hat seinem Volk Rechenschaft abzulegen und kann gegebenenfalls jederzeit abgesetzt werden. Der erste Kalifah sprach nach seiner Wahl: „Ich bin nicht der Beste von Euch; wenn ich Gutes tun soll, so helft mir, wenn ich Falsches tue, so richtet mich."

Der islamische Staat mit seinem Staatsoberhaupt ist in

erster Linie zum Wohl und Schutze seiner Bürger da. Hieraus ergibt sich die Verpflichtung, im Sinne und entsprechend der Lehre des Islam, also in einer Weise, die konform mit dem Koran und der Sunna ‚Sharia' geht, zu regieren.

Der Koran schreibt außerdem vor, daß eine Entscheidung in wichtigen Fragen erst nach eingehenden Beratungen getroffen wird. (Sure 3, 159: „Die Sippe Imrans"; Sure 42, 38: „Die Beratung") Die Art und Weise der Beratung wurde aber offengelassen, damit diese jeweils in einer zeitgemäßen Form stattfinden kann. Wir denken hier z.B. an das heutige System der parlamentarischen Regierung.

Der Staat ist verpflichtet, nach dem Prinzip der vollen Gleichberechtigung aller Bürger, ungeachtet deren Religion oder Rasse, zu regieren. Für die Wahrung der Gerechtigkeit ist Sorge zu tragen. Diese elementare Aufgabe kommt in dem bekannten islamischen Ausspruch „Eine Regierung kann die Ungläubigkeit überleben, aber nicht die Ungerechtigkeit!" zum Ausdruck.

Das Recht auf Schutz der Person, des Privateigentums und der Privatsphäre, die Garantie für freie Wahl des Wohngebietes und des Arbeitsplatzes, freie Meinungsäußerung, Glaubensfreiheit und politische Freiheit sind unantastbare Rechte der Bürger gegenüber ihrem Staat.

Um Stabilität und Ordnung eines Staates zu gewährleisten, sind die Moslems angehalten, Gehorsamkeit gegenüber der zuständigen Autorität (Ulu Al Amr) auszuüben; (Sure 4, 58/59: „Die Frauen"). Diese Pflicht entfällt jedoch im Falle von Anordnungen seitens des Staates, die im Gegensatz zum Islam oder den Vorschriften des Propheten stehen.

Sollte es zu Meinungsverschiedenheiten zwischen der Regierung und einem oder mehreren Moslems kommen, wird auf die Prinzipien des Korans und der Sunna zurückgegriffen und hiermit ermittelt, wem Recht zusteht.

Beim Studium des Staatswesens im Islam ist es immer

wieder erstaunlich, festzustellen, in welch hohem Maße vor mehr als zehn Jahrhunderten die beiden Komponenten Gerechtigkeit gegenüber dem Bürger und Stabilität des Staates miteinander vereinbart werden konnten.

Zur gleichen Zeit ist aber der Bürger direkt aufgefordert, keine passive Haltung gegenüber dem Staate einzunehmen, sondern diesen zu kontrollieren, zu beeinflussen oder möglicherweise auch einen direkten Eingriff vorzunehmen. „Wer ein Übel sieht, soll es mit seinen Händen, mit seiner Zunge oder mit seinem Herz ändern“, gilt als Aufforderung zur aktiven Teilnahme am Ablauf des staatlichen Geschehens. Wie der Prophet sagt: „Religion heißt auch, Rat zu geben ...“ oder „Der beste Kampf ist ein gerechtes Wort an einen ungerechten Herrscher!“

Status der Nicht-Moslems

Innerhalb eines islamischen Staates genießen Nicht-Moslems dieselben Rechte wie ihre islamischen Mitbürger, wobei jedoch die Nicht-Moslems eine Art „Kopfsteuer“ (Giziah) ersatzweise für den Zakat der Moslems bezahlen müssen. Vom Wehrdienst sind Nicht-Moslems befreit.

In den islamischen Staaten herrscht volle Religionsfreiheit; wie der Koran diesbezüglich ausführt:
„In der Religion gibt es keinen Zwang.“ (Sure 2, 256: „Die Kuh“)
„und sag: (Es ist) die Wahrheit (die) von eurem Herrn (kommt). Wer nun will, möge glauben, und wer will, möge nicht glauben.“ (Sure 18, 29: „Die Höhle“)
„Und wenn dein Herr wollte, würden die, die auf der Erde sind, alle zusammen gläubig werden (oder: wenn dein Herr gewollt hätte, wären die, die auf der Erde sind, alle zusammen gläubig geworden). Willst nun du die Menschen (dazu) zwingen, daß sie glauben?“ (Sure 10, 99:„ Jonas“)

Auch wenn der Moslem dazu angehalten ist, seinen Glauben zu verbreiten, ebenso wie andere Religionen dies tun, so wird er doch immerzu ermahnt, jeglichen Druck oder Zwang auf seine Mitmenschen zu vermeiden. An erster Stelle wird er immer ein gutes Beispiel in seinem eigenen Verhalten setzen.

„Rufe (die Menschen) mit Weisheit und einer guten Ermahnung auf den Weg deines Herrn und diskutiere mit ihnen auf eine gute Art; Dein Herr weiß sehr wohl, wer von seinem Weg abirrt, und wer rechtgeleitet ist." (Sure 16, 125: „Die Biene")

Der Islam erstrebt eine Versöhnung zwischen den verschiedenen Glaubensbekenntnissen auf der Basis des gegenseitigen Verstehens und des Respektes, wie der Prophet sagt: „Ihr habt Euren Glauben, und ich den meinen", oder *„O, Ihr Leute des Buches, laßt uns übereinstimmen auf ein Wort, das gleich ist zwischen euch und uns, nämlich, daß wir niemanden anbeten und verehren außer Gott alleine."* (Sure 3, 64: „Die Sippe Imrāns")

„Diejenigen, die glauben (d. h. die Moslems), und diejenigen, die dem Judentum angehören, und die Sābier und die Christen, – (alle) die, die an Gott und den jüngsten Tag glauben und tun, was recht ist, brauchen (wegen des Gerichts) keine Angst zu haben, und sie werden (nach der Abrechnung am jüngsten Tag) nicht traurig sein." (Sure 5, 69: „Der Tisch")

Das Völkerrecht im Islam

Der Islam widmet den zwischenstaatlichen Beziehungen große Aufmerksamkeit. Sein Ziel ist eine friedliche Kooperation oder Koexistenz zwischen den Staaten. Ein Staat ist auch dann schon als „friedlich" zu bezeichnen, wenn er sich passiv verhält, also keine Angriffe oder schädliche Einmischungen gegen einen anderen Staat unternimmt.

Jedes Vorgehen mit der Tendenz der Beeinträchtigung

des Friedens wird schwer verurteilt. Der Koran sagt:
„Richtet nicht Unheil auf der Erde an, nachdem sie in Ordnung gebracht worden ist!“ (Sure 7, 56: „Die Höhen“)
„Und sie sind überall im Land auf Unheil bedacht. Aber Gott liebt die nicht, die Unheil anrichten.“ (Sure 5, 64: „Der Tisch“)

Der Koran warnt ausdrücklich vor solchen, die durch Hinterhältigkeit und Redegewandtheit den Islam mißbrauchen, um dadurch Unfrieden und Unheil unter den Menschen anzurichten.
„Und es gibt unter den Menschen manche, deren Aussagen über das diesseitige Leben Dir gefallen werden, und die Gott zum Zeugen rufen für das, was sie im Herzen haben. Dabei sind sie Deine größten Feinde, und wenn sie sich von Dir abgewandt haben, sind sie eifrig darauf bedacht, Unheil anzurichten, die Saat und die Ernte zu vernichten; aber Gott liebt das Unheil nicht, und wenn man zu diesen sagt, ‚fürchte Gott‘ so packt sie sündhafter Stolz.“ (Sure, 2, 204/206: „Die Kuh“)

Der Koran legt somit großen Wert auf Verträge zur Regelung zwischenstaatlicher Beziehungen, ebenso auf die richtige Durchführung solcher Vertragsverpflichtungen.
„Und erfüllt die Verpflichtung (die Ihr eingeht).“ „Und erfüllt die Verpflichtung gegen Gott, wenn ihr eine (solche einmal) eingegangen habt, und brecht nicht die Eide, nachdem ihr sie (in aller Form) bekräftigt habt! Ihr habt ja Gott zum Garanten gegen euch gemacht. Gott weiß, was ihr tut.“ (Sure 16, 91: „Die Biene“)

Ein wichtiges Element bei vertraglichen Verpflichtungen (Abmachungen) ist die Verwendung einer klaren Sprache. Eine Zweideutigkeit der Sprache, die Anlaß zu Unstimmigkeiten gibt, sollte vermieden werden.

Wenn diesem Prinzip der klaren Sprache bei Verträgen gefolgt wird, – so führt der Koran aus – wird Gott das Verhalten der Parteien mit Wohlergehen segnen.

„O, die ihr glaubt, fürchtet Gott und benutzt eine eindeutige Sprache."

Subversive Methoden und Ausbeutung anderer Völker unter dem Deckmantel von Verträgen und Vereinbarungen werden daher streng verurteilt.

„Macht eure Verträge nicht zu einem Mittel, um versteckte Zwecke zu erreichen; sonst wird euer Fuß ausrutschen, nachdem er anfangs etabliert war, und ihr werdet üble Folgen spüren."

Die Erfahrung hat gezeigt, daß ein zu bereitwilliges Glaubenschenken schwerwiegende Rückwirkungen auf die Sphäre der internationalen Beziehungen haben kann. Der Schaden, der hierdurch angerichtet wird, könnte beträchtlich sein. Im Koran wird gesagt, daß alles, was aus einer nicht vollkommen glaubwürdigen Quelle stammt, überaus kritisch zu bewerten ist, um keinen Anlaß zu Spannungen zu geben.

„O, die ihr glaubt, wenn Nachrichten zu euch kommen, die aus einer zuverlässigen Quelle stammen, dann untersucht sie sorgfältig, damit ihr nicht unwissentlich einem Volke Schaden zufügt und hinterher bedauert, was ihr getan habt."

Auch die Tendenz, alle Arten von Nachrichten sogleich zu veröffentlichen, sogar solche Nachrichten, die eine nachhaltig störende und verwirrende Wirkung auf das Gemüt der Menschen haben können und die öffentliche Meinung agitieren, wird mißbilligt.[43]

Das Kriegsrecht

Die schnelle Verbreitung des Islam in seinen Anfängen erweckte den falschen Eindruck, die islamischen Armeen überfielen verschiedene Länder, um die Völker vor die Wahl zwischen der Annahme des islamischen Glaubens oder dem Tod durch das Schwert zu stellen. Gründe, Ausmaß und Bedingungen eines Krieges sind im Islam eingehend vorgeschrieben. Sheik M. Schaltout präzisiert die islamische Vorstellung des Krieges wie folgt:[44]

- die natürliche Basis für eine gute zwischenmenschliche und zwischenstaatliche Beziehung ist Frieden und Zusammenarbeit;
- Krieg ist ein Mittel, um einem unnatürlichen Zustand zu begegnen, nachdem alle friedlichen Mittel hierzu erschöpft sind;
- Kriege gehören nach juristisch-islamischem Begriff nicht zur Kategorie des „Erlaubten", aber zur Kategorie des „Notwendigen", wobei die Grenzen der unbedingt notwendigen Maßnahmen nicht überschritten werden sollen;
- Kriege sollen sich nicht gegen die Zivilbevölkerung richten;
- Kriege sollen sofort beendet werden, wenn eine Partei den Frieden anstrebt;
- Kriegsgefangene müssen eine gute Behandlung bis zu ihrer Freilassung erfahren.

Gründe für eine Kriegführung waren in der ersten Zeitepoche einerseits die Verbreitung des Islam und andererseits die Verteidigung bei Angriffen.

Der ersterwähnte Kriegsgrund findet heutzutage keine praktische Anwendung mehr und war nur bei der Entstehung des Islam gleichsam eine religiöse Notwendigkeit.

Kriege wurden gegen andere Staaten geführt, wenn diese die Moslems an ihrer Glaubensverkündung hinderten, sie töteten oder verfolgten. Kriege, die zu Anfang des Islam stattfanden, dienten dazu, wie Sheik Abouzahra bemerkt, zu verhindern, daß die jeweiligen Regierungen ihre Völker zum Unglauben zwingen. Aber zugleich sollte die andersgläubige Bevölkerung nicht gezwungen werden, den Islam oder eine andere Religion anzunehmen. Der Islam mit seinem universellen Charakter stellte sich ja die Aufgabe, freie Religionsausübung zu ermöglichen. Vorrangige Be-

deutung hatte nach wie vor der Verteidigungskrieg.
„Und kämpft um Gottes willen gegen diejenigen, die gegen euch kämpfen! Aber begeht keine Übertretung (Angriffskrieg). Gott liebt die nicht, die Übertretungen begehen."
(Sure 2, 190: „Die Kuh")

Sogar im Falle eines Verteidigungskrieges empfiehlt der Islam seinen Gläubigen, nicht gleich mit der Kriegshandlung zu beginnen. Er empfiehlt vielmehr, den ersten Schlag des Angreifers abzuwarten, und den Frieden dann anzunehmen, wenn die andere Partei dies anbietet.
„Und wenn sie (d. h. die Feinde) sich dem Frieden zuneigen, dann neige (auch du) dich ihm zu (und laß vom Kampf ab)!"
(Sure 8, 61: „Die Beute)

Kriegsgefangenen soll eine gute Behandlung zuteil werden. Im Gegensatz zum ursprünglichen Brauch, Kriegsgefangene als Sklaven zu verwenden, kennt der Islam nur zwei Möglichkeiten für eine Entlassung: nämlich die einer Befreiung gegen Lösegeld, oder eine Freilassung ohne alle Gegenleistung.

Nach siegreicher Beendigung einer kriegerischen Auseinandersetzung wurden die Menschen nach Aussage des Propheten vor die Wahl gestellt, den Islam anzunehmen und somit dieselben Rechte und Pflichten wie die Moslems wahrzunehmen, oder sie mußten eine ‚Giziah', ein Kopfgeld, ersatzweise für Wehrdienst und Steuern bezahlen.

Die Kriegführung als solche ist im Islam mit Humanität und Barmherzigkeit verbunden:

„Fürchte Gott, massakriere nicht, töte nicht Kind, Frau oder Greis, schneidet keine Palmen oder Bäume ab und verbrennt sie nicht, tötet kein Schaf, keine Kuh und kein Kamel. Ihr werdet Leute antreffen, die in ihren Gebetsnischen weilen, lasset sie bei dem, was sie sich erwählt haben", so sagt der erste Kaliphah Abou Bakr zu seinem Kriegsherr Usama Ibn Thabet. Der Islam bestimmt des weiteren, die Zivilbevölkerung im Falle eines Krieges zu schonen.

Wie bereits erwähnt, bezieht sich das Kriegsrecht im Islam nur auf einen Verteidigungskrieg und auch dieser soll erst nach Ausschöpfung aller friedlichen Mittel geführt werden, und sich nur gegen die kämpfenden Soldaten richten.[45]

V

Ausprägungen besonderer Art

Sekten und Schismen im Islam

Sekten und Schismen waren und sind im Islam zahlenmäßig nicht von großer Bedeutung. Man unterscheidet zwei Hauptgruppen oder Richtungen: nämlich „Die Sunniten", die die Mehrheit mit etwa 90 % bilden und die „Schiiten", deren Anteil auf etwa 10 % beziffert wird.

Unterschiedliche Auffassungen dieser beiden Gruppierungen mit einer jeweils langen geschichtlichen Entwicklung sollten jedoch keinesfalls zu einer Überbewertung der Gegensätze verleiten. Bleibt doch die Tatsache, daß beide Gruppen sich gegenseitig als Moslems anerkennen und Brüder in einem und demselben Glauben sind. Dies gilt hauptsächlich für die Sunniten gegenüber der zahlenmäßig geringeren Gruppe der Schiiten in Iran, im Irak und Jemen. Diese gegenseitige Anerkennung und Respektierung gilt aber nicht für kleinere extreme Gruppen innerhalb des Islam, die aber weniger als 1 % ausmachen. Diese verdienen die Bezeichnung Sekte mit allen damit verbundenen Assoziationen.

Kurz gesagt, besteht der Unterschied zwischen den beiden o. a. Hauptrichtungen in der sunnitischen Ansicht, die „Botschaft" habe mit dem Tode des Propheten ihr Ende gefunden. Dies beinhaltet die Feststellung, die nachfolgenden Kalifen sind hiermit nur frei gewählte Bürger ohne göttliche oder sakrale Eigenschaften. Der Großteil der Schiiten wiederum glaubt an die Fortsetzung geistiger Qualitäten in einer Anzahl von direkten Nachkommen von Ali (Imame)[46] und deren verpflichtende Aussagen. Sie glauben an die Wiederkehr des letzten Imam und sehen im Koran eine verborgene esoterische Botschaft. Die Sunniten jedoch, auch wenn sie ihre Hochachtung gegenüber den Nachkommen Ali's (Imame) und deren Verdienste bezeugen, lehnen diese Auslegung der Korantexte entschieden ab.

Geschichtliche Entstehung des Schiitentums

Als der Prophet im Jahre 632 starb, hinterließ er keinerlei Verfügungen über seine Nachfolge. So gingen die Meinungen hierüber weit auseinander. Einige sahen in seinem Vetter und Schwiegersohn Ali Ibn Abi Taleb seinen Nachfolger – die Mehrheit der Moslems aber wählte als ersten Kalifen Abu Bakr und nach ihm Omar. Nach der Ermordung des dritten gewählten Kalifen, des Omaijaden Osman, wurde Ali Ben Abi Taleb als vierter Kalife gewählt.

Die Witwe des Propheten Aisha mit den Gefährten des Propheten Talha und Zubeir stellten sich zum Kampf gegen Ali und verlangten Rache für den Tod Osmans. Sie wurden besiegt in der Schlacht von Al Gamal. Der Omaijade Muawia Ben Abi Sufian, der Statthalter von Syrien, stellte sich nun gegen Ali zum Kampf. Als er jedoch seine Niederlage kommen sah, wandte er eine List an und ließ den Koran auf die Speerspitzen seiner Soldaten stecken; dies beendete den Krieg und führte zu einem Schiedsverfahren. Dieses Verfahren wurde zwar von Ali gebilligt, fiel aber durch einen besonderen Trick zu seinen Ungunsten aus. Zornig verließ ein Teil der Soldaten Alis Armee, weil er das Schiedsverfahren akzeptierte, obwohl dies doch im Gegensatz zu seiner legalen Wahl stand, und ihrer Meinung nach eine religiöse Unkorrektheit darstellte. Diese wurden ‚Khardjiten' – Ausscherende, Abtrünnige – genannt. Sehr kleine Gruppen von Khardjiten gibt es heute noch verstreut in Muskat, Algerien, Tunis und Libyen – insgesamt aber weniger als eine Million.

Die Anhänger Alis wurden Schiiten, von dem Wort ‚Schiat Ali‘ (Partei Alis) abgeleitet, genannt.

Muawia erklärte sich zum Kalife und errichtete damit die Dynastie der Omaijaden und Ali kehrte zurück nach Medina. Sein Sohn Al Hassan verzichtete nach seinem Tod auf das Kalifat. Als Muawia seinen Sohn Yazid als Nachfolger bestimmte und den Konsensus der Moslems dazunahm, zog der jüngere Sohn Alis, Al Hussein, zum Kampf gegen die Omajaden, begleitet von einer großen Anzahl von Verwandten des Propheten. Er wurde am 10. Muharram (10. Oktober 680) bei Karbala im Kampf getötet. Dieser Tag von Karbala, „Aschura“ genannt, ist bis zum heutigen Tag das höchste Trauerfest und religiöse Ereignis bei den Schiiten, vergleichbar etwa mit dem „Passionstag“ der Christen. Sie aber anerkannten die Omaijaden als Kalifen und die nachfolgenden Dynastien nicht und beharrten auf der alleinigen Rechtmäßigkeit der Nachkommen Alis (bis zum 12. Nachkommen) als Kalifen (auch wenn sie das Kalifat nicht bekleideten) unter der Bezeichnung ‚Imame‘.

Die Mehrheit der Moslems aber akzeptierte jedoch im Laufe der islamischen Geschichte alle nachfolgenden Kalifen, solange sie von der Mehrheit der Moslems gewählt oder bestätigt wurden, ohne der Abstammung von Ali einen Wert beizumessen (Sunniten).

Die vorgenannten geschichtlichen Hintergründe bestehen bis zum heutigen Tage als Meinungsverschiedenheiten zwischen Schiiten und Sunniten.

Der Schiite Abou Moslem Al Khuwasany verhalf der Abbasidendynastie der Omaijadendynastie ein Ende zu machen und selbst an die Macht zu kommen. Diese blieben aber nach der Machtübernahme dem sunnitischen Gedanken treu. Schiitische Staaten in der islamischen Geschichte bestanden unter den Fatimiden-Dynastien in Ägypten und Nordafrika und unter den Safwiden in Persien.

Hauptrichtungen unter den Schiiten

Die Zwölferschiiten

Dies ist die größte Gruppe der Schiiten (ca. 80 Millionen). Sie finden sich vor allem in Iran und in einigen Teilen des Irak.[47] Sie ist die offizielle Religion in Iran und hat folgende rechtmäßige Nachfolger (Imame):

Ali Ibn Abi Taleb, seine Söhne Al Hassan und Al Hussein, Ali zein Al Abidin, Mohammed ben Ali, Jaffar ben Mohammed, Moussa ben Jaffar, Ali ben Moussa, Mohammed ben Ali, Ali ben Mohammed, Al Hassan ben Ali, Mohammed ben Al Hassan.

Nach der Überlieferung soll der letzte Imam leben, aber sich in der „großen Abwesenheit" befinden; er soll am Ende der Zeiten als „Al Mahdy" wiedererscheinen und für Gerechtigkeit und Ordnung sorgen. Zum Grundgedanken dieser Glaubensrichtung gehört die Annahme einer Zweideutigkeit der Offenbarung, nämlich die einer esoterischen und die einer exoterischen. Obwohl Mohammed als letzter Prophet angesehen wird und keine Offenbarung nach ihm erfolgte, begann ein neuer Kreis der „wilayah", also die der Imame, die sich der inneren Auslegung der Offenbarung widmeten. Die Kraft hierfür nahmen sie von dem Propheten, der Ursprung und Quelle der inneren und äußeren Auslegung der Offenbarung ist.

Die Zaiditen

Diese stellen die Hauptreligionsrichtung in Jemen (ca. 5 Millionen) und sind gleichzeitig die naheliegendste Richtung der Schiiten zu den Sunniten. Genannt werden sie nach Zeid ben Ali ben al Hussein ben Ali ben Abi Taleb.

Bei diesen Schiiten ist der Imam, oder ‚Kalifa', nach bestimmten Voraussetzungen (u. a. Abstammung von Fatima, der Tochter des Propheten) zu wählen. Dies ist aber nur ein angestrebtes Ideal. Ein Kalifa ohne diese Voraussetzungen kann trotzdem gewählt werden. An den verborgenen und wieder zu erwartenden Imam glauben sie nicht.

Die Ismaeliten (die Siebener genannt)

Ein Teil der Ismaeliten sind Anhänger des Aga Khan. Sie befinden sich in Indien, Pakistan und Ostafrika (ca. 17 Millionen). Die Imame werden anerkannt bis zum siebenten (Imam Ismail ben Jaffar), wobei gesagt wird, der letzte Imam lebte unter den Menschen im Verborgenen. Großen Wert wird auf die innere (esoterische) Bedeutung des Korans gelegt, von der Mehrheit der Sunniten werden sie nicht voll anerkannt.

Verschiedene Gruppen und Sekten

Vielleicht ist es angebracht, einige Gruppen und Sekten, die zahlenmäßig sehr gering sind, aber die sich zum Islam zählen, darzustellen. Ein Teil dieser Gruppen ist mit Vorbehalten zu beschreiben, da sie über die Form ihres Glaubens Geheimhaltung walten lassen. Sie werden von der Majorität der Moslems als Sekten betrachtet und nicht voll anerkannt.

Babismus und Bahaismus

Begründer ist Mohammed Ali, genannt ‚Al Bab' – die Pforte –, geboren in Schiraz/Iran. Dieser erklärte sich für den erwarteten Mahdi[48] und als Prophet. Er wurde 1850 in Täbris erschossen, nachdem ein islamisches Urteil „Fatwa" ergangen war. Nach seinem Tod erklärte sich sein Sohn Hussein Ali, genannt Al Baha – die Herrlichkeit Gottes –, zum Kalifen und danach zum Mahdi und Propheten.

Die Qadianis oder Ahmadiah

Diese Gruppe ist besonders in Europa bekannt und ebenso in Amerika. Sie unternimmt stark missionarische

Tätigkeiten unter dem Namen Ahmadiah-Bewegung.

Begründer ist Ghulam Ahmed aus Qadian (Panjab), der 1906 starb. Während der Britischen Besetzung Indiens erklärte er den Kampf als nicht vereinbar mit dem islamischen Glauben. Er selbst erklärte sich zum Messias und Mahdi.

Diese Bewegung teilt sich in zwei Zweige, die Lahore-Ahmadiah unter Mohammed Ali und die Qadian Ahmadiah unter Mahmoud Ghulam Ali.

Die Alawiten oder Nuseiriten

Sie werden nach Mohammed Ben Nuseir genannt und sind in Syrien und Libanon anzutreffen. Sie schreiben Ali sakrale Eigenschaften zu und glauben teilweise an die Inkarnation.

Die Drusen

Die Drusen im Libanon glauben an die Worte des Fatimiden-Kalifen Al Hakim Bi amr Allah, dem sie göttliche Eigenschaften zuschreiben. Ihr Führer wurde in Syrien zum Tode verurteilt.

Mystik im Islam – Die Sufi-Lehre

Wie jedes andere, mit Mystik verbundene Thema, so kann auch die Sufi-Lehre nicht in präzis-abgegrenzter Form oder in einer Gesamttheorie dargestellt werden. Islamische Mystiker haben mehrmals betont, der ,Weg' könne nicht mit Worten erklärt werden. Nur durch das eigene Erleben kann er in seiner Tiefe erfaßt werden. „Der Zustand des Erlebens und der Offenbarung ist Sache des Herzens (Sikk). Er kann nicht durch die Zunge zum Ausdruck kommen.« So meint Al Hugweiry.[49] Dasselbe wird von dem Mystiker Al Guneid bestätigt: „Wir haben die Sufi-Lehre nicht vom Hören-Sagen gelernt, sondern durch Hunger und Abwendung von der Welt." Trotzdem lassen sich gemeinsame Merkmale innerhalb der verschiedenen mystischen Wege der Sufis feststellen.

Das mystische Erleben ist immer ein unmittelbares, inneres und ganz persönliches, das sich durch göttliche Erleuchtung oder Offenbarung enthüllt und den Menschen letztendlich zur absoluten Wahrheit, nämlich Gott selbst, bringt. Durch eine ganz bestimmte Lebensweise, verbunden mit religiösen Übungen und zum Teil auch Techniken, wird der Weg zum Absoluten erleichtert und beschleunigt, wobei der Intellekt als solcher nur ein anfängliches Hilfsmittel darstellt.

Sufis, die sich in dieser Sphäre befinden, schockieren ihre Umwelt oft mit umstrittenen Aussagen; dennoch genießen Sufis im allgemeinen hohes Ansehen und Respekt im Islam. Ihr unerschütterliches religiöses Verhalten verbunden mit bemerkenswert mystischer Tiefe, insbesondere zu Zeiten, in denen sich der Islam in einer Krise befand, ihre beispielhafte tägliche Lebensweise und ihre erfolgreiche Lehrtätigkeit in Afrika und Asien verdienen Anerkennung und Hochachtung bis zum heutigen Tage.

Einige vertreten die Auffassung, der Begriff ‚Sufi' stamme vom Wort ‚Suffa', was ‚Reihe' bedeutet. Gedacht ist dabei an die Asketen zur Zeit des Propheten, die in engen Reihen beim Gebet in der Moschee standen, um ihre zerrissenen Kleider nicht sichtbar werden zu lassen.

Andere wiederum sind der Meinung, Sufi entstamme dem Wort Saffa, welches Reinheit bedeutet, analog zum Begriff des Ursprünglichen. Die allgemeine Erklärung jedoch bezieht sich auf das Wort ‚Suf', was ‚Wolle' bedeutet. Die damaligen Asketen trugen bekanntlich Kleider aus grober Wolle, die aus Schafs- oder Kamelhaar selbst gewebt waren.

Zu einem späteren Zeitpunkt entstanden die Worte ‚Fakir' (arabisch) und ‚Derwish' (persisch) als Bezeichnung für islamische Mystiker. Beide Worte bedeuten ‚arm'; gemeint war ‚arm an Wissen' und bezieht sich auf die Koran-Sure „Er ist der Reiche, und ihr seid der Arme".

Die Sufis selbst bezeichneten sich als Brüder, Freunde, Liebende, Kenner oder Wissende (in Gott). Sie sind ihrem Wesen nach Gnostiker.

Der Sufi-Weg ist die Tarikah, der schmale, schwierige Pfad, im Gegensatz zum „breiten Weg" der ‚Sharia'. Sehr oft wird der Begriff ‚Gott' mit dem Begriff ‚Wahrheit' gleichgesetzt.

Ursprung und Entwicklung

Teilweise wird von Orientalisten angenommen, die Sufi-Lehre entstamme außer-islamischen Quellen, oder wäre zumindest durch diese stark beeinflußt worden, wie zum

Beispiel durch Kontakte mit indischen Weisen, christlichen Mönchen oder griechischen Philosophen. Ebenso meint man etwa buddhistische, hinduistische oder zarathustrische Aspekte in der Sufi-Lehre zu erkennen.

Schließlich nimmt man an, die Sufi-Bewegung führe ihre Entstehung auf eine Ablehnung der verschwenderischen Lebensweise in den Zeiten der großen Ausdehnung des islamischen Reiches zurück. Die Interpretationen gehen sogar soweit, in der Entstehung des Sufismus einen Ausdruck des Widerstandes der arischen Völker Persiens gegen die neue semitische Religion des Islam zu sehen.

Tatsache ist jedoch, daß die Sufi-Lehre einen rein islamischen Ursprung hat. Sie entstand offensichtlich durch eine tiefere Betrachtung der Korantexte und des Hadith (Aussagen des Propheten), was zu einem transzendenten esoterischen Verständnis führte, das so über den formalen Text hinausging. Ganz sicher war auch die Berührung mit den geistigen Werten anderer Religionen ein Prozeß gegenseitiger Befruchtung, ohne den islamischen Ursprung der Sufi-Lehre zu beeinträchtigen. Ein Verständnis des Sufitums ist nur vor dem Hintergrund des islamischen Ursprungs möglich.

In den Anfängen des Islam standen die Asketen, die in Armut lebten, sich von der Welt zurückzogen und sich religiösen Übungen widmeten, im religiösen Leben im Vordergrund. Daneben bestand die Gruppe der sogenannten ‚Trauernden und Weinenden' (Bakkaiin), die aus Angst vor der Strafe nach dem Tode, sich von allem Weltlichen abwandten und ihre eigene Existenz betrauerten, die sie als ‚Versuchung' sahen.

Der Islam, der für den goldenen Mittelweg plädierte, akzeptierte jedoch und duldete diese Vorstellung und Lebensweise, solange diese nicht in Extremen zum Ausdruck kamen. Der Prophet selbst bejahte den Weg des ‚Zuhd', der Nicht-Beachtung des Weltlichen und Wertschätzung des

Lebens nach dem Tode; aber gleichzeitig verbot er exzessive Formen der Weltentsagung, erlaubte auch das Mönchtum nicht und mißbilligte die Praktiken der Selbstpeinigung. Er wies die Menschen an, für ihren Lebensunterhalt selbst zu arbeiten und so niemandem zur Last zu fallen.

Der Weg der göttlichen Liebe

Im zweiten und dritten Jahrhundert islamischer Zeitrechnung nahm das Asketentum größere Ausmaße an. Echte ‚Gottesliebende' durchzogen weltentsagend das Land. Die ersten anti-nomistischen Tendenzen zeigten sich bei einigen Sufis.

So sei hier an einen Sufi erinnert, der über die Pilgerfahrt zur Kaaba nach Mekka sagte: „Ich suche den Gott dieses Hauses, was soll ich mit dem Haus machen."

Rabaa Al Adawia antwortete auf die Frage, ob sie den Propheten liebe: „Meine Liebe zu Gott läßt keinen Raum mehr, jemanden zu lieben oder zu hassen."

Diese Aussagen ließen keine Möglichkeit für heftige Reaktionen von seiten anderer Moslems, da sie das Ergebnis überwältigender Liebe zu Gott im Zustande der Ekstase angesichts der Wahrheit sind.

Einheitsgedanken

Nach dem ersten und zweiten Jahrhundert praktizierter Askese erlebte der Sufismus eine bemerkenswerte Umformung. Die Praktiken der Askese wurden nicht mehr zum Selbstzweck durchgeführt, sondern galten höchstens als Mittel zum Ziel. Dieses Ziel war die Nähe Gottes, die Erfassung der vollen Wahrheit, eine Art Einssein mit Gott. Aufkommende Vorstellung einiger Sufis mit Aspekten des

Pantheismus „Itihat“ oder der damit zusammenhängenden Vorstellung der Verkörperung Gottes im Menschen „Hulul“ weckten dann doch starkes Mißtrauen und Ablehnung unter den moslemischen Gelehrten der Sharia. Die Lehre von Al Hallaj über das ‚Leben des Einsseins‘ sowie seine berühmte Aussage „Ana Al Hakk“ (Ich bin die Wahrheit) führte zu seinem Tode im Jahre 922. Der Tod des Al Hallaj, der Märtyrer genannt, blieb aber ein Einzelfall.

Andere Sufis vertraten diese Gedanken weiter mit mehr oder weniger Zurückhaltung in der Öffentlichkeit. Repräsentativ für diese Epoche sind Abou Yazid Al Bistamy, Al Guneid, Al Shibly, Zunoun usw.

Der Sufi Said ben Abi Al Kheir, mit einem Hauch von Antinomismus, der die Lehre der göttlichen Freude vertrat, lebte ein fürstliches Dasein, ließ sich von seinen Schülern bedienen und nahm keinerlei Rücksichten auf religiöse Verbote.

Der in Spanien lebende arabische Sufi Muhhi El Din Ibn Al Arabi (1240) vertrat die Auffassung, nichts existiere wirklich, außer Gott, die Welt käme nur einer ‚äußeren Erscheinung‘ gleich. In seinen und ebenso Jallal el din Al Rumis Gedichten sehen wir auch Zeichen der Idee der transzendenten Einheit der Religionen.

Der Sufismus verbreitete sich im Laufe der Jahrhunderte in großem Ausmaße mit mehreren Tarikahs (Pfade). Jede dieser Gruppen besaß eine oder mehrere Khankahs oder Tekiahs (Haus der Sufis oder Derwische), die von einem Meister geleitet wurden, der je nach der Tarikah seine eigenen Praktiken weitergab. Dies konnten Koran-Rezitationen, ‚dzikr‘ (Wiederholungen des Namen Gottes), Musik oder Tanz (bei den Mawlawi-Derwischen) sein. Zu den Praktiken eines ‚Novis‘ (Schüler) gehörte auch eine Prüfung von zwei bis drei Jahren Wanderschaft, Dienst an den Menschen und Unterordnung gegenüber einem Sufimeister.

Eine Epoche der Dekadenz erlebt die Sufi-Bewegung im

Mittelalter (Mameluckenzeit); hier wurden die Sufi-Häuser zum Sammelplatz für Perverse, Geistesgestörte und Arbeitsscheue, die von den Moslems und echten Sufis selbst verurteilt und bekämpft wurden.

Es gab aber rasch eine Wiederherstellung des Sufi-Ordens mit seinen hohen Werten und seinem hohen Ansehen, was bis in unsere Tage angehalten hat. Unter den bekannten Orden sind folgende Tarikahs u. a. zu nennen:
Schazli, Gilani, Qadri, Mawlawi, Darkawi, Chisti, Senoussi, Rifai und Na kschabandi, u. a.

Der Sufi-Pfad und die Sharia

Es erscheint nicht leicht, den Sufi-Weg der Tarikah, der sich auf den inneren Weg konzentriert, mit dem Weg der islamischen Sharia oder Gesetz zu vereinbaren, jedoch hat der Islam es bis jetzt verstanden, beides in Harmonie zu verbinden. Der Sufismus wird voll akzeptiert, geachtet und gilt als ein angesehener Weg innerhalb des Islam.

Die islamischen Gelehrten akzeptieren die Idee der Erleuchtung, der Gottesnähe durch Gebet und Liebe zu Gott. Sie zeigen jedoch kein Einverständnis mit der Idee der Einheit mit Gott, des Pantheismus, der Inkarnation oder der Verkörperung Gottes im Menschen. Eine Erklärung für solche Vorstellungen suchten sie in der trunkenen Liebe der Sufis zu Gott.

Die Sufis ihrerseits aber bestätigen die Notwendigkeit der Sharia, auch wenn sie diese nur als Türe zum „Inneren" sehen. Nach dem bekannten Sufi-Beispiel von der Kokosnuß sehen wir klarer, wie dies gemeint ist. Die Schale der Nuß wird mit der Sharia, dem Gesetz, verglichen. Man kann an die Frucht nur über die Schale kommen und ohne die Schale ist die Frucht schutzlos. Aber die Kokosnuß ohne die Frucht, sinngemäß nämlich die Sufi-Lehre, ist bedeutungslos. Die absolute Wahrheit wird mit dem Öl verglichen, welches sich gleichzeitig in der Schale sowie in der Frucht der Kokosnuß befindet, ohne daß man dieses sichtbar wahrnimmt.

Die Sufis weisen darauf hin, daß es keinen bestimmten Weg zur Wahrheit gäbe, die Anzahl der Wege ist so groß, wie die Zahl der Geschöpfe Gottes.

Anhang

Zeittafel

571	Geburt des Propheten Mohammed
622	Mohammed geht nach Medina „Hidjra“ (Anfang der islamischen Zeitrechnung)
632	Tod des Propheten
632–634	Kalifat Abu Bakr
634–644	Kalifat Omar
634–638	Eroberung Syriens
634–641	Eroberung Iraks und Persiens
637–638	Eroberung Palästinas
640–642	Eroberung Ägyptens
642–645	Eroberung Libyens
644–656	Kalifat Osman
645	Eroberung Rhodos
649	Eroberung Zyperns
656–661	Kalifat Ali
661–750	Omaijaden-Dynastie
665–698	Eroberung Nordafrikas
711–732	Eroberung Spaniens
711	Eroberung Indiens (Indus)
732	Karl Martell besiegt die arab. Armeen bei Tours und Poitiers in Frankreich
750–1259	Abbasiden-Dynastie
756	Emirat von Cordoba (Omaijaden)
823	Eroberung Kretas
827	Eroberung Sardiniens und Siziliens
850	Eroberung Korsikas
902	Eroberung der Balearen
961–1171	Fatimiden-Dynastie in Ägypten
1001	Eroberung Indiens durch die Ghaznawiden
1096–1270	Kreuzzüge
1171–1250	Aijubiden-Dynastie in Ägypten
1187	Rückeroberung Jerusalems (Salah el Din)

1193	Eroberung Indiens durch die Ghoriden
1206	Sultanat Delhi
1250–1534	Mamelucken-Herrschaft
1250	Sieg über Ludwig IX bei Mansourah
1256	Eindringen der Mongolen
1258	Mongolen erobern Bagdad
1260	Sieg über die Mongolen
1301–1924	Osmanisches Reich
1301	Osman I. gründet das Osmanische Reich
1399	Timurlenk erobert Indien
1453	Eroberung Konstantinopels
1517	Eroberung Syriens, Arabiens und Ägyptens
1526	Moghulreich in Indien
1529	Belagerung Wiens
1534	Eroberung des Irak
1543	Verzicht des letzten Abbasiden-Kalifen zugunsten Suliman II.
1798–1799	Napoleon erobert Ägypten
1858	Verbannung des letzten islamischen Sultans aus Indien
1882	Besetzung Ägyptens durch Großbritannien
1924	Abschaffung des Kalifats in der Türkei
1969	Erste islamische Gipfelkonferenz in Rabat

Anmerkungen

(A) = Arabisch

1 Dr. Abdel Halim Mahmoud, Europa und der Islam, S. 43 (A), Kairo 1973
2 Vgl. H. Newcombe, M. Ross und A. Newcombe (UN voting Patterns 1970 und National Patterns in International Organisation 1975
3 Dr. Mohamed Selim (Islam. Solidarität), Zeitschrift für Intern. Politik, S. 63 (A), Kairo 1980
4 Fereydoun Howeida, "The fall of the Shah" – Übersetz. im Oktober Magazin. S. 20, Kairo, Nr. 194, 13. Juli 1980
5 Anis Mansour, Oktober Magazin, S. 19, Kairo, 29. Juni 1980
6 Sayed Elewah (Polit. Dimension der Islamischen Krise), Zeitschrift für Intern. Politik, S. 100 (A), Kairo 1980
7 David Rees, Afghanistan's Role in soviet strategy conflict studies N 118, S. 1 u. 2, London 1980

8 Muallakat (A.) = die Hängenden
9 Mohamed Mahdy Amer, Zur Lebensgeschichte des Propheten. S. 15 (A), Kairo 1967
10 Mohamed Ibn Ishaq, Das Leben des Propheten, übers. Gernot Rotter, Tübingen 1976, S. 23
11 Abou Zahra, Mohamed, Siebte Konferenz der Akademie der Islamischen Wissenschaft. S. 91 (A), Kairo 1972
12 Riddah (A.), = Abkehr vom Islam
13 Suliman William, Dialog zwischen den Religionen, S. 108, (A), Kairo 1976
14 Ahmed Shalby Abdel Ghany, Amdah Al Isharat (A.), Kairo 1978, Vorwort
15 Al Amin, Abdul Rahman, Moslems in Afrika (A.), Siebte Konferenz der Akademie der Islamischen Wissenschaft Band 1, S. 150, (A), Kairo 1972
16 Sigrid Hunke, Glaube und Wissen, S. 117, Düsseldorf 1979
17 Dr. Mohamed Al Bahy, Der göttliche Aspekt im islamischen Denken (A), Kairo 1967
18 Pierre Rondot, Der Islam und die Mohamedaner von heute, Stuttgart 1963
19 Prof. Gulam Mohamed, Kabul. Vortrag: Menschenrechte im Islam. 6. Kongreß der Akademie der Islamischen Wissenschaft, S. 127 (A), Kairo 1971
20 Dr. Sayed Hussein Nasr, Der Islam (A), Vorlesungen vor der Amerikanischen Universität Beirut 1964–1965
21 Ahmed Bahgat, Gott im islamischen Glauben (A), Kairo 1979
22 Goethe, West-Östlicher Divan, Buch der Sprüche, München 1958
23 Abdul Kader, Aly Hassan, Der Universale Aspekt im Islam, 6. Kongreß der Akademie der Islamischen Wissenschaft, S. 118 (A), Kairo 1971
24 Al Mahasny, Mrzaki, Abdulwahab Azzam, Leben und Werk (A), Kairo 1968
25 Abou Alfayd, Al Menoufy, Islam und die Weltzivilisation, S. 23–32 (A), Kairo 1973
26 Ahmed Bahgat, Gott im islamischen Glauben (A), Kairo 1979
27 Mohamed Al Hassany, Der geprüfte Islam, S. 67 (A.), Kairo 1977
28 Annemarie Schimmel, Botschaft des Ostens, Tübingen–Basel 1977
29 Assad Madany, Menschliche Werte im Islam, 6. Kongreß der Akademie der Islamischen Wissenschaft, S. 240 (A), Kairo 1971
30 Comptons Encyclopaedia, Vol. 9, S. 420, unter Mohammed, Chicago 1957
31 Mahmoud Mustafa, Der Koran, Versuch eines modernen Verständnisses, S. 18, Kairo (A) 1977
32 Der Koran, übers. von Max Hennig, Vorwort S. 3, Stuttgart 1977
33 Abdelsattar Alsayed, Wunder des Koran, 7. Kongreß der Akademie der Islamischen Wissenschaft, S. 126 (A), Kairo 1972
34 Peter Antes, Koran und Bibel, CIG, S. 201–210, Düsseldorf 1979
35 Mohamed Abu Shahba, Al Azhar-Fakultät, Assiut, Sammlung des Koran (A), Kairo 1972
36 Nach Alkortoby und Alshatby
37 Mahmoud, Abdelhalim, Europa und der Islam, S. 54 (A), Kairo 1973
38 Friedrich H.Kochwasser und Hans R. Roemer, Araber und Deutsche, Tübingen 1974, Artikel: Arabische Literatur in der deutschen Klassik und Romantik, Annemarie Schimmel, S. 135
39 The seventh conference of the academy of Islamic Research, Kairo 1972
40 Shaltout, Mahmoud, Der Islam, Glaube und Gesetz, S. 200 (A), Kairo–Beirut 1980
41 Einige dieser Strafen werden immer noch in Saudi-Arabien und neuerdings in Iran angewandt, was aber eine Ausnahme darstellt und nicht repräsentativ für die Gesetzgebung der Mehrzahl der Islamischen Staaten ist
42 Mahmoud Shaltut, Al Islam, Glaube und Gesetz, S. 299 (A), 10. Aufl. Kairo–Beirut 1980
43 Sir Muhammad Zufrallakhan, Der Islamische Staat, Vortrag am 29. 9. 1979 in Frankfurt (Ahmadiah-Bewegung)
44 Shaltout, Mahmoud, Der Islam – Glaube und Gesetz, S. 453 (A), Kairo 1980
45 Sheik Abdullah, Gouscha, Menschenrecht im Islam, Kongreß der Akademie der Islamischen Wissenschaft, S. 167 (A), Kairo 1971
46 Imam hat zwei Bedeutungen: Der gebräuchlichste bedeutet einfach Vorbeter. Eine andere, durch die Schiiten angewandt, bedeutet Oberhaupt einer Gemeinschaft im religiösen Sinn (Nachkommen Ali Ibn Abi Talebs)
47 Auch in Kaukasus, Indien, Pakistan, Golfstaaten, Libanon und Syrien leben Schiiten. Für Zahlen, Gebiete, Lehre der Hauptrichtungen unter den Schiiten, siehe: Al Naschaw, Aly, Entstehung des philos. Denkens im Islam, Seite 28 u.w. (A), Kairo 1977
48 Mahdi bedeutet der Erleuchtete, aber vornehmlich Retter und Erlöser, der in der Endzeit erscheint, um den wahren Glauben wiederherzustellen
49 Al Hugweiry, bekannt unter dem Namen Data Ganjbakhsh in Indien und Pakistan

Quellenverzeichnis

(A) = arabisch

Abboud, Abdul Ghany: Islam und die zeitgenössischen Ideologien, Kairo 1976 (A)
Abdel Ghany, Shalaby: Amdah Al Isharat, Kairo 1978 (A)
Abub, Hassan: Vereinfachung des Islamischen Glaubens, Kairo 1978 (A)
Al Bahy, Mohamed: Der Göttliche Aspekt im Islamischen Denken, Kairo 1967 (A)
Al Barawy, Rashed: Das Islamische Denken, Kairo 1969 (A)
Al Gundi, Abdelhalim: Ahmed Ibn Hanbal, Kairo 1977 (A)
Al Hassany, Mohamed: Der geprüfte Islam, Kairo 1977 (A)
Al Husseiny, Khalaf: Al Baian, Zur Islamischen Doktrin, Kairo 1975 (A)
Al Mahasny, Mahamed Zaki: Abdel Wahab Azzam, Leben und Werk, Kairo 1968 (A)
Alkholy, Mohamed: Ibn Al Araby, Mohadaret Alabrar, Kairo 1972 (A)
Al Menoufy, Abou Al Fayd: Islam und die Weltzivilisation, Kairo 1973 (A)
Al Nimr, Abdulmonim: Abulkalam Azad, Kairo 1973 (A)
Al Naschar, Aly: Entstehung des philosophischen Denkens im Islam, Kairo 1965, 1977 (A)
Al Samarrai, Qassim: The Theme of Ascension, 1968
Al Schafii, Mohamed Gid: Die Sufi-Doktrin in der Islamischen Lehre, Kairo 1975 (A)
Alshirbini, Munir: Die beste Nation, Kairo 1979, 2. Edition (A)
Amer, Mahdy: Zur Lebensgeschichte des Propheten, Kairo 1967 (A)
Ashour, Ahmed Isa: Die einfache Lehre (Fikh), Beirut 1972, 2. Edition (A)
Atta, Abdul Kader: Tabakat Al Sughra, Kleine Stufen der Sufis bei Alsharany, Kairo 1970 (A)
Auda, Abdel Kader: Finanzen und Staat im Islam, Kairo 1977, 5. Edition (A)
Badawy, Abdel Rahman: Geschichte der Islamischen Sufilehre im ersten und zweiten islamischen Jahrhundert, Kuweit 1975 (A), Sufi-Entgleisungen (Shatah), Kuweit 1976 (A)
Bahgat, Ahmed: Gott im islamischen Glauben, Kairo 1979 (A), Meere der Liebe bei den Sufis. Kairo 1979 (A)
Bell, Bowyer: South Arabia, Violence and Revolt, London 1977
Bisar, M. Abdulrahman: Impact of Muslin Thought on Modern and Contemporary European Thought, Kairo 1972, Islamischer Kongreß
Büttner, Friedemann: Reform und Revolution in der Islamischen Welt, München 1971
Detlev, Khaled: Politische Rolle des Islam im Vorderen Orient, Dokumentation, Hamburg 1978
Fuchs, Walter: Und Mohammed ist ihr Prophet, München 1975
Gallab, Mohammed: Gnosis bei den Moslemdenkern, Kairo 1966 (A), Orientalistische Anschauungen zum Islam, Kairo (A)
Ghany, Kassem: Geschichte des Sufismus im Islam (Persisch), Übers. s. Naschaat, Kairo 1972 (A)
Goldziher, Ignaz: Die Richtungen der Islamischen Koranauslegungen, 1952. Vorlesungen über den Islam, 1925
Gottschalk, Herbert: Macht des Islam, München 1980
Henning, Max: Der Koran, Übersetzung, Stuttgart 1977
Hunke, Sigrid: Allahs Sonne über dem Abendland, Frankfurt 1965, Kamele auf dem Kaisermantel, Stuttgart 1976, Glaube und Wissen, Düsseldorf 1979
Idris Shah: Die Sufis, Düsseldorf 1976
ISC: Special Report, The security of Middle East Oil, London 1979
Kandil, Issad: Kaschf Al Mahgoub – Al Huguiry, Kairo 1974 (A)
Khan, Wahiduldin: Herausforderung des Islam, Kairo 1977, 7. Edition (A)
Khan, Zufrallah: Völkerrecht im Islam, Vortrag, Frankfurt 1979
Kochwasser, Friedrich, Roemer, Hans und andere: Araber und Deutsche, Stuttgart 1974
Kutb, Sayed: Tafsir, Im Schatten des Koran, Beirut 1979 (A)
Magazin für internationales Recht: Re-Islamisierung, Kairo 1980
Mahmoud, Abdelhalim: Europa und der Islam, Kairo 1973 (A)
Mahmoud, Mustafa: Der Koran, Kairo 1977 (A), Gott, Kairo 1977 (A), Mohammed, Kairo 1977 (A)
Mobarak, Zaky: Islamischer Sufismus, Kairo–Beirut 1937 (A)
Nassr, Sayed Hussein: Islam – Ziele und Grundsätze, Beirut 1974 (A)

Parret, Rudi: Der Koran, Übersetzung, Stuttgart 1979
Price, D. L.: Stability in the Gulf, London 1976
Reda, Mahmoud Rashid: Tafsir, Almanar, Kairo 1972 (A)
Rees, David: Afghanistan's Role in Soviet Strategy, London 1980
Ritter, Helmut: Al Ghasali, Auswahl, Stuttgart 1979
Rondot, Pierre: Der Islam und die Mohammedaner, Stuttgart 1963
Rotter, Gernot: Ibn Ishaq, Das Leben des Propheten, Stuttgart 1976
Shalaby, Abdeljaiil: Kommunismus in der Waagschale des Islam, Kairo–Beirut 1977 (A)
Shaltout, Mahmoud: Der Islam – Glaube und Gesetz, Kairo–Beirut 1980, 10. Edition (A), Zum Heiligen Koran, Kairo–Beirut 1978 (A)
Schuon, Frithjof: Understanding Islam, 1972, Dimensions of Islam, 1970
Shariba, Nureldin: Tabakat Al Sufia – Alsalmy, Kuweit 1969 (A)
Shehata, Abdullah: Islam und Religiöse Information, Kairo 1978 (A)
Schimmel, Annemarie: Rumi, Düsseldorf 1978, Lyrik des Ostens, München 1978, Iqbal, Botschaft des Ostens, Stuttgart 1977
Stewart, Desmond: The Middle East, Temple of Janus, London 1971
Stoddart, William: Das Sufitum, Freiburg 1979
Suliman, William: Dialog zwischen den Religionen, Kairo 1976 (A)
Tadj, Abdulrahman: Insurance Companies from the Point of view of Islamic Jurisprudence, Kairo 1972 (A)
Titus, Burckhardt: Vom Sufitum – Einführung in die Mystik des Islams, 1953
Williams, John Alden: Der Islam, New York 1973
Wolynski, Alexander: Soviet Aid to the Third World, London 1977
Re-Islamisierung: Magazin für Internationales Recht, Kairo, Juli 1980 – Al Ahram (A)

Abhandlungen und Essays der Islamischen Akademie

The academy of Islamic Research "Alazhar", Kairo (Magma AL buhnth Al Islamiah)

Abdulkader, Aly Hassan: Universaler Charakter des Islam. 1971 (A)
Alámin, Aly Abdulrahman: Moslems in Afrika, 1972 (A)
Al Bahy, Mohamed: Menschenrechte im Islam, 1971, Islam and Solution of the Problems of Contemporary Society, 1971
Alkhafif, Aly: Investment Certificates and Muslim Canon Law, 1972
Al Khawas, Omar Ahmad: Menschliche Werte im Islam, 1971 (A)
Al Fangary, Shawky: Economic System and the Islamic Economic Policy, 1972
Al Sadr, Moussa: Menschliche Werte im Islam, 1971 (A)
Al Sanhoury, Farag: The Insurance, 1972 (A)
Al Bassam, Abdulrahman Abdullah: Islam, Religion der Menschlichkeit, 1977 (A)
Abou Zahra, Mohamed: Islam, 1972 (A)
AbuSchahba, Mohamed: Sammlung des Koran, 1972 (A)
Balic, Ismail: Moslems in Europa, 1972 (A)
Ibrahim, Mussa: Moslems im Tschad, 1972 (A)
Kannoun, Abdullah: Menschliche Werte im Islam, 1971 (A)
Madany, Assaad: Menschliche Werte im Islamischen Staat, 1971 (A)
Malouf, Ahmed Abdel Razak: Moslems in Uganda, 1972 (A)
Niazi, Ghulam Mohamed: Menschenrechte im Islam, 1971 (A)
Sayed, Abdel Sattar: Wunder des Koran, 1972 (A)
Zarkash, Imam: Moslems in Indonesien, 1972 (A)

Personen- und Sachregister

Mein Dank gilt Frau M. Hibschenberger und Frau E. Hoormann für ihren Beitrag am Zustandekommen dieses Buches.
H. Azzam

Notizen